きみが校長をやればいい

福岡女子商業高等学校　校長
柴山翔太

1年で国公立大合格者を0人→20人にした
定員割れ私立女子商業高校の挑戦

日本能率協会マネジメントセンター

はじめに

はじめまして。福岡県にある「福岡女子商業高校（以下、女子商）」という私立高校で校長を務めている柴山翔太と申します。２０２０年度に女子商に常勤講師として着任、翌年度から校長になり、現在は校長３年目です。

校長と聞くと、若くても50代というイメージを浮かべる人も多いと思いますが、僕が校長になったのは30歳。全日制高校では最年少（当時）の校長でした。

よく、「着任前から元々八洲《やしま》学園さんと何か関係性があったのですか」と聞かれますが、全くありません。本当にたまたま常勤講師が専任教諭になる前に校長になりました。「そうは言っても何か特別なものがあるんでしょ？　民間でバリバリ働いていてＭＢＡを取得しているとか海外の大学院か何かで教育を学んでいたとか」となりたての頃はよく聞かれましたが、残念ながら期待に応えられるような資格も経験もなく、私立学校の教員として8年間勤めた経験値しかありませんでした。

ひとつ何かあったとすれば、大学進学とはイメージがかけ離れている女子校の商業高校から就任1年目で国公立大学進学者を0から20人にした国語科の教員ということくらいでしょうか。

しかし、これが決め手で校長になったわけではありませんし、仮にもし校長になるとしても、20年は先の話だろうと勝手に思っていました。

ではなぜ、そんな僕がいきなり全日制最年少校長になったのでしょうか?

僕は北海道の砂川市で生まれました。地方公務員の父と看護師の母、そして姉と兄がいる3人兄弟の末っ子です。

小学3年生の頃から野球を始め、高校は甲子園を目指すために札幌の学校へ進学しました。高校生活も野球がメインの生活をしており、3年生の時には県大会の決勝戦まで進むも敗退し、あと一つ勝てば甲子園というところで僕の最初の夢は終わりを迎えました。

しかし、諦めの悪い僕は気がついてしまいました。指導者になれば甲子園を目指せるということに。そんなこんなで教員を目指すことになったのですが、面接で正直に答えると怪訝な顔をされてしまう志望理由ができ上がりました。


大学卒業後は北海道の私立高校で野球部の顧問を務めながら、担任など一通り教員業務を経験しました。顧問としても県大会などに出場することができ、春・夏・秋と年に三回の大会で生徒と一緒にドキドキワクワクすることができることにやりがいを見出し、授業が終わるとグラウンドへ向かうような教員生活を続けていました。

しかし、ある学校へ異動することになり、大きな心境の変化を迎えます。

その高校は従来の学校とは異なる空気が流れる学校でした。生徒が集まらなくなり、経営が悪化し、募集停止まで検討していた状況で、民間からやってきた教員免許を持たない校長先生が着任し、今では全国的に注目されている学校となっています。

その校長先生の口癖は「何のために」です。学校で行われる一つひとつのことに対して「何のために」を考える。授業のあり方、行事、ルール、部活動など「これまでそうだったから」と自然と進んできてしまっていた部分をもう一度考えてみる。手段であったはずのものがいつの間にか目的となってしまっている「手段の目的化」に気づいてから学校を見る景色が変わりました。

また、「大人も子どもも本気で挑戦」という明確な声かけのもと、学校の内外にかかわらず多くの大人が学校にやってくるようになりました。今までは規則の名の下、生徒たちと教員の追っかけっこに多くの時間を割いていたところを、アプローチ方法を変え、生徒たちの心の底に眠っている「こんなことがしてみたい」を引き出し、生徒の好奇心に火をつけました。

先生たちも同様に「実はこんなことにチャレンジしてみたかったんだ」という思いを打ち明け、校長先生の紹介で外部の伴走者を見つけ、新たな文化を作り出す。そんな学校での勤務を経験し、頭の中で自然と「20代のうちに授業・担任・校務分掌・部活動等の仕事が周りの先生方と同様にできるようになる」ことを目指していた自分の考えが大きく変わり、今この場で自分に何ができるかをフラットに考えるように変化していきました。

その校長先生は教職員に対して「皆さん、校長のつもりで働いてください」とも言いました。学校に関わることを全て自分ごとで捉える。やるべきことに上限はない。学校のビジョンに重なるものであれば自分で創造しても良いという意味です。それ以外にも多くの言葉があり、口を開く度に「次はどんな言葉が出てくるんだろう」と楽しみにしている自分がいました。

言葉の力を持った校長先生との出会い。そして、一般的には「どうせ学校は変わらない」と言われるなかで、学校が変わっていく様子を見ている僕は「やり方、学校のあり方次第で変わる」と信じることができるという、大きな体験ができたと思っています。

しかし、その高校で僕が何か貢献できたかというと正直何もできていません。僕は変わることができなかったのです。

野球部の顧問だったこともあり、野球部として学校に貢献しようと部活動に力を注いでいました。今考えると自分のコンフォートゾーンから抜け出すことができず、チャレンジする勇気がない自分を受け入れることをせず、やるべきことよりもやりたいことを優先してしまっていたように思います。

校長先生からも「野球が悪いわけではないけど野球だけできる教員というのは違う。僕も若い頃によさこいに熱中していて僕の生きる道はこれだと勝手に思っていたけどそれだけではなかった。君も野球だけをやるために生まれてきたわけではない。きっとやるべきことがもっとあるはず。柴山先生も挑戦しなきゃいけないね。いつでも応援するよ」という言葉をもらいました。

他の誰かからの言葉であれば悔しさや野球への未練などが先行してしまう可能性もあったかと思いますが、そのような気持ちにならず、校長先生からの言葉はスッと自分に入ってきました。

自分も教師としての武器を身につけようと、新天地として選んだ学校が神戸にある私立の商業高校でした。

この学校は偏差値で言えば50前後でありながら、国公立大学に年間50人以上も合格させている、推薦入試の指導に関しては全国屈指の高校です。

進学実績を求めにいったというよりは、学力偏差値によって自己肯定感の低い生徒たちの「どうせ私は……」を壊す手伝いができる教員になりたかったという気持ちが素直なところです。

北海道にいた頃も「やってみなくちゃわからないよ！」という声かけなどはよくしていたのですが、その声かけに乗ってきてくれた子たちに対する支援が十分にできない自分に対して無責任さを感じていたこともこの神戸の学校を選んだ理由の一つです。

その高校が築き上げた推薦入試の小論文指導を通じて自分も成長したい、と考えたのです。

小論文は実際に社会で問題となっている事象について自分の考えを述べるものです。北海道時代に進学指導の講師として出会った神戸の国語科の先生に憧れ、一緒の学校で学びたいと決意し異動したものの、初めは「自分は何も知らずに生きてきた」ということを痛感する毎日でした。

北海道にいた頃は野球の強豪校で野球をしてきた人間として認識されることが多かったのですが、神戸では僕が野球をしていたことすら知りません。小論文指導をするために異動してきた先生という認識で、完全にコンフォートゾーンではない状況で2年間小論文指導の責任者として勤務しました。

1年目は多くの先生方や生徒たちに助けられながらの進学指導でしたが、2年目は過去で一番の進学実績に貢献することができ、進学指導に多少の自信を持てるようになりました。

ただ、僕は高校生活の3年間を進学のために過ごしてもらいたいという思いではなく、ワクワクしながら子どもも大人もチャレンジできる学校の一員として働きたいという気持ちが強かったため、組織で働く以上、見たい景色が異なるならば自分が異動するしかないという考えの下、新たな新天地でのチャレンジを決めました。そんな折に出会ったのが、現在の女子商でした。

この本では高校に入学するまで大学進学を考えていなかったような生徒が国公立大学に合格するまでの軌跡に始まり、僕が校長に就任するまでのエピソードや校長に就任してからの学校改革の取り組み、未来の教育の形について現時点で考えていることなどを綴っています。

上手くいっていることばかりではなく、まだまだ発展途上である身にもかかわらず、執筆など大変僭越であり、出版には後ろめたさもありました。ただ、校長就任からの経験は稀有なものであるとも自覚しており、「こんなこともあるんだ」と感じていただき、多くの方の勇気になればと思い、執筆を決意いたしました。

「挑戦を、楽しめ。」

これは今の女子商のスローガンです。この本を読んでくださった全国の生徒・教職員・保護者・地域の方々をはじめ学校関係者の皆さんに「やってみなくちゃわからない」という気持ちが湧き起こり、多くの挑戦が生まれることを願っています。

福岡女子商業高校　校長
柴山　翔太

きみが校長をやればいい●もくじ

第1章

福岡女子商業高校への赴任

第2章

まずは生徒が動いた。大学進学の奇跡――

第3章

生徒は動いた、次は……

第 4 章

涙の結果発表

第5章

なぜ僕は30歳で校長になったのか

第6章

全日制最年少校長の「女子商」改革

第7章

小論文指導のポイント

第 8 章

教育の未来

編集協力：木村公洋
協力：学校法人八洲学園

第 1 章

福岡女子商業高校への赴任

「思う存分やってくれ」

僕が女子商に常勤講師として赴任したのは、2020年春のことでした。

前任校である神戸の私立高校で小論文指導を学び、生徒の将来に貢献できる力を身につけた僕は、新天地でワクワクする学校作りを本気で目指してみたいという思いがありました。九州・福岡という土地を選んだのは、触れたことのない地域で教育に携わりたいという好奇心からです。

そんな考えを持って次の赴任先を探したところ、内定をいただいた高校はほかにもあったのですが、その際に「君は多くの経験を持っているかもしれないけれど、うちの学校では1年目だからね。君のやりたいことは10年後にはきっとできるから」と言われました。それを聞いて、せっかくの話でしたが、お断りさせていただきました。

思いきって学校作りに関われる学校を探すのは難しいかもしれない。そんな悩みを神戸時代に最もお世話になっていた先生に相談したところ、「以前、九州の高校からうちの学校に問い合わせがあってな、校長自ら進学指導を学ばせてほしいという連絡が入ったことがあったんや。その校長おもろそうやったで。学校としては定員の半分も満たしてなくて困ってるみたいだけどな。でもきっと倒れることがあっても前向きに倒れる人や」と笑いながら話してくれました。

その学校が福岡県のベッドタウンとして知られている那珂川市の「福岡女子商業高校」でした。当時、女子商は教員の公募をしていなかったのですが、ダメ元で「えいや」という感じで女子商に連絡しました。

そうしたら「とりあえず面談しよう」というお返事をいただき、数日後、この先ジェットコースターのような日々が始まることも知らずに、初めての女子商にやってきました。

学校に入ると、校長、教頭を中心とした何名かの先生に出迎えられ、「うちに神戸で小論文を教えていた先生が来てくれたぞ」と期待してくれているようでした。

その後、噂通りの熱量の高い校長先生から教育に対する思いを聞き、面談を受けた際、校長先生から出た言葉は「思う存分やってくれ」でした。

この言葉は、僕の気持ちを高めてくれる言葉でした。

面談後に女子商の校内を見学しました。このとき、直感的に「可能性がある学校だな」と感じたのを覚えています。

女子商はもともと公立の学校で、僕が赴任する3年前に私立移管となった全国的にも珍しい学校でした。したがって、私立の学校としてはまだまだ未開発な印象で、正直校舎を見ても「公立感」の残る、のほほんとした雰囲気の残る学校でした。

そのため、さまざまなアイデアが浮かび上がってきました。

これまでの経験から学校を変えるには困難な状況を体験的に持っていることが重要だという思いがあります。自分に何ができるか未知数ではありましたが、ワクワクする気持ちでこの学校にお世話になることを決めました。

これが生徒の多いマンモス校だったら、僕はきっと女子商には赴任しなかったはずです。定員充足率50％以下からの、まさに崖っぷちからのスタートでした。

後日、提示された給与の低さに衝撃を受けましたが（笑）、今考えるとそんなリスクとチャレンジングな環境はセットなのかもしれません。

内定をいただいてからの1ヶ月は、新たな環境で自分にできることは何なのかを考えました。

女子校という括りに関しては、正直初めはあまりポジティブな印象を持っていませんでしたが、これまで小論文指導で社会問題を学び、女性の活力が社会の活力に繋がるという認識を持っていたので、女性特有の学びを求める女子校ではなく、女子の商業高校というのは、やるべきことが明確で面白いかもと思えるようになっていました。

短期的に貢献できることは小論文を活用した推薦入試指導。神戸時代には年間200本以上の国公立大学の試験問題に目を通し、受験までの半年間は毎日生徒が書き上げた小論文を100本以上添削し、毎週200人程度の生徒と20人程度の教員が見つめる中で小論文に関する講座を行い、1年間で100人以上の生徒の合否に関わってきた経験には自信がありました。

勝負は生徒たちの心に火をつけられるかどうか。

長期的には「日本一の商業高校を目指す」というビジョンに惹かれたため、いかに従来の商業高校の形ではなく、社会との繋がりを生み出し、ビジネスの世界を牽引するような女性たちの成長に貢献できるか。

3校目の赴任先で出会った校長先生が繰り返し言っていた、「校長になったつもりで働いてくれ」という言葉を胸にしまいつつ、新しい学校でできることを考え続けました。

赴任直後にコロナ禍に……まずはひとりで動いた

ところが、ちょうどこの頃から新型コロナウイルス感染症の流行が始まり、入学式も中止となり、登校を控える一斉休校の措置が全国的に取られることとなりました。教員は通常通り通勤でしたが、赴任後、生徒たちがいない学校で１ヶ月が経ちました。

良いスタートを切りたいと思っていたのですが、ほかの先生方も早めに学校から帰っていましたし、なかなか学校の状況を聞くこともできず、僕も早めに家に帰り、この頃は料理アプリを見ながらひとりで料理をする生活を送っていました。

各種会議に参加しても、外側から想像していた「崖っぷち」の危機感を抱えているんだろうなという認識とは異なり、もともと公立の学校だったこともあり、生徒を集めないといけないという雰囲気があまり感じられませんでした。

私立学校では生徒数が減るということは死活問題であり、誰も助けてはくれません。僕は女子商に勤務するまでに4つの私立高校を経験してきたのですが、そういった意味で女子商は独特の空気が流れていました。

そのような中、5月にはリモート授業となり、生徒と直接話をする機会を得られない状況が続きました。

さすがにこのまま行くと進路指導が間に合わないなと感じた僕は、3年生の担任の先生方にコンタクトを取って「進学を考えている子はいますか。その子たちの成績表を見せてもらえますか」と、現状を把握することに努めました。そこで、生徒たちの進路選択の幅が狭いのではないかという意識を持ちました。

「前任校の生徒たちと大きな差はないので、小論文などをしっかり学んでくれたら国公立大学も夢ではない」

そう思い、生徒と直接話をしてみたいので、オンラインで話をさせてもらうことは可能かを先生方に打診しました。

先生方のなかには「いやいや、この子たちに前任校と同じような進学先は流石に難しいと思いますよ」と、突然の僕のお願いに対し、怪訝な顔をする先生もいました。

しかし、その感覚は神戸で学ぶまでの僕も同じような思いだったので、先生方を説得するよりも先にまずは生徒たちと話をすることを優先しました。なんとか頼み込んで、先生方から生徒に話をしてもらうと、「話を聞いてみたい」という生徒が数人現れました。

まだ学校には来てもらうわけにいかないので、生徒たちとの会話はZoomで行いました。初対面がZoomというのは、なんとも不思議な感覚でしたが、画面越しに「初めまして。今年から女子商に来た柴山です。突然のお願いを聞いてくれて、ありがとうね」と話しかけました。

このときは個別に10人程度の生徒たちと話をしました。

「進路に関して今のところどんなふうに考えてる？」と聞くと、学年でトップの成績の子は「国公立大学へ進学したいです！」という答えが返ってきましたが、その他の生徒たちは、専門学校、短期大学、就職などが多く、「大学は考えてないの？」と聞くと「私、昔から勉強できないんで無理ですよ」「商業高校に入るときから就職するって親と約束しているので」「私、資格ないので」「検定を持っていないので」などという言葉が返ってきました。

そこで「君が本気で半年間一緒に勉強してくれたら、大学進学は難しくないよ。もし経済的なことを気にしているのであれば国公立大学も普通に狙える。ラッキーなことに今年から修学支援新制度という国の制度もできたし」と僕が言うと、「えっ、本当ですか？　そんなこと考えたことも言われたこともなかったです」と生徒たちはきょとんとした表情をしていました。

初めて生徒と話をする時間はとても楽しく、進路先の話だけでなく、普段の生活ぶりや好きなこと、趣味の話などもしました。

ある生徒とは、ジャニーズ事務所の好きなタレントの話もしました。

生徒が映る画面の後ろにジャニーズのタレントのタオルがたくさんあったので、「ジャニーズが好きなの？」という質問をすると、急に打ち解けた笑顔になりました。「実は県外に住みたいと思っているんです」という話が出てきて、「東京とか大阪に住めますかね？」と聞かれました。

理由を尋ねると「私、ジャニーズの追っかけなので（笑）」という返事が返ってきて、「確かにそれは夢のようだね（笑）」と和やかな会話が続いた後に、「でも、親からは反対されると思います」と苦笑いしていたのが印象的でした。

ほかには、「私、10人以上の大家族で、だから早く働いて恩返しをしなければならないんです」という生徒もいました。

その生徒には、「すごい兄弟の数だね！　その選択もありだと思うけど、恩返しの方法は何個かあると思うよ。結構ハードな道だけど大学の夜間主コースに通えば昼間アルバイトをしながら夜に学んだりもできるし、その兄弟の数であれば修学支援新制度で大学もほぼ無償でいける可能性もあるよ。それだったら自分の好きな仕事を選ぶ確率も上がると思うし。興味あったら、日本学生支援機構のサイトで学費がかかるかシミュレーションできるからこのＵＲＬを保護者の方と見てみると良いかも」などと話しました。

このように、生徒たちとの会話を通じて、女子商の生徒たちの感覚や実感をつかんでいきました。

生徒たちに足りないのは「自信と情報」だった

生徒たちとのZoomでの交流を通じて感じたのは、生徒たちに「自信と情報」が足りないということでした。

当時の女子商のテストは、生徒たちの間で「簡単すぎてたくさん点が取れる」と言われており、事前にテスト対策プリントというプリントが配られ、暗記で点数が取れてしまうシステムになっていました。「中学校のときは成績の悪かった私が女子商では点が取れるのは女子商の勉強が簡単だからだ」と生徒自身が言っていたくらいでした。

だからテストで良い点が取れても、生徒たちは自信がないというか、不安を感じているなと思いました。

「商業高校へ来た生徒は勉強が苦手だから……」という思い込みが生徒たちにも伝わり、自信を損なわせていたと思います。

このように勝手に生徒たちの可能性を低く見積もり、「この子たちにはこれくらいしてあげないと」というのは教育界では珍しいものではありませんでした。

情報に関しては、そもそも大学がどんなものなのかをイメージできていない生徒が多い印象でした。

「保護者の方は進路についてなんて言っているの？」と聞いたときに、「大学はお金がかかるから、専門学校なら進学しても良いよと言われている」と答える生徒もいれば、「進路は自分で決めて良いよと言われている」という生徒もいました。

専門学校の多くは2年間ですが、入学後の実習費などを含めると大学と大差ない費用が発生することや給付型の奨学金の制度のことも知らない家庭がほとんどでした。

生徒たちへヒアリングをした結果、勉強（成績）面ではやれそうだなと思ったのですが、心配だったのは生徒たちの持つべき資格や検定の部分でした。

推薦入試を受ける場合、出願条件として持っていなければならない資格もあるし、試験時には資格が点数に反映されます。日商簿記2級や全商簿記1級など、一般的な商業高校の生徒ならそれなりに取得しているであろう資格の取得者が、僕の想像よりもかなり少なかったのです。

そもそも進学を希望する生徒がほとんどいなかったので、検定を勉強する理由も明確ではなかったようです。受験勉強に対する心構えやメンタリティは何とかなるだろうとは思いましたが、資格の少なさを見て少し焦った記憶があります。

くわえて、ヒアリングをしていて驚いたのは、保護者の進路に対する考え方で、前任の神戸の高校のときとは違った印象でした。

よく出た言葉が「この子には弟がいて、弟を大学に行かせてあげないといけないから、お姉ちゃんには就職を考えてもらっている」というような一言で、ちょっとしたカルチャーショックでした。

商業高校なので、入学したときから就職するためのことを考えている生徒がほとんどだったのです。

まず、「僕が持っている情報や考えを生徒たちに伝え、その上で選んでもらうことが大切。これを一人ひとりに話していたら今からでは時間が足りない」と感じ、あるお願いをしました。

ありったけの思いを込めた「学年集会」の開催

「学年集会で話をする機会をもらえませんか」

生徒たちが登校できるようになったのは5月中旬でした。総合型選抜試験が始まるのは9月から、学校推薦型選抜試験であれば11月、「このまま生徒一人ひとりと話をしていては間に合わない」と思いました。

であれば僕の考えを一度でまとめて伝えるには、集会の場でプレゼンテーションをするしかないと思い、それを提案しました。就任から1ヶ月が経過した2020年5月の終わりのことです。

それと同時に、本気の生徒たちが安心して学べる場所を作りたいので、廊下から見える空き教室を「スタディルーム」という名前に変え、受験生たちが学べる空間にしてほしい、ともお願いしました。


正直、これらの提案をしたときは「さすがに無理があるかもな」という不安を覚えました。赴任して1ヶ月の20代の教員が、いきなり3年になって初めての学年集会で時間をもらうことを許してくれる現場は少ないかなと思ったからです。

でも、6月から小論文指導を始めないと今年の生徒たちの進学は叶わなくなる。無理があることは承知で、「今自分にできることをして、生徒たちに響かなければその時は仕方がない」。そんな思いを抱えて校長室にお願いにいったところ、快く「よし、やってみよう」という返事が返ってきました。

集会でいただいた時間は20分ほどだったでしょうか。

「努力が最高の結果をもたらすとは限らない。だが、何もしない人がハッピーエンドを迎えることは絶対にない」という内容で話そうと決めました。

集会で話したのは、実感が湧かない「社会の現実」

話をさせてもらうにあたり、役割を分けることになり、進路指導部長が就職に関しての話を、僕は大学進学についての話を担当することになりました。

ここで生徒たちの気持ちに火をつけられるかどうか。振り返ってみれば、一番大切な時間だったかもしれません。

このときに僕が話した内容を紹介します。

まず、進学説明会と題したスライドをめくると、「進路に関して」という文字を表示。「僕が知っている限り、努力が最高の結果をもたらすとは限らない。だが、何もしない人がハッピーエンドを迎えることは絶対にない。このことを意識して話を聞いてもらえるとありがたいです」と伝え、話を始めました。

その後に自己紹介をします。前任校も商業高校。しかし、大学進学で有名な学校であることを説明。昨年度の国公立大学進学者が82名。ここで進学担当として働いていたことを説明しました。

以降は、以下のような話をしました。

・前任校は学力の高い生徒だけがいた高校ではないこと

ネットで出てくる前任校と福岡女子商業高校の入学偏差値を表示し、「女子商と偏差値は全然変わらない」ことを伝え、「神戸の学校が売りにしていたのは商業高校からの国公立大学進学。僕はそこで進学担当としてこの子たちと一緒に高校からの大逆転を目指してチャレンジしてきた。今年はみんなとチャレンジしたいと思ってる」と言いました。

・誰でも合格できること

「中学時代は評定平均が2の女子生徒が、高校になってから自分は物覚えが良くないからといって、講座の後には毎回質問に来て誰よりもコツコツ勉強をする。そんな行動がこの生徒だけは落とすわけにはないという気持ちを生み、迎えた合格発表。志望先は九州の国公立大学。多くの先生方に見守られ、勇気を出して結果を見た瞬間の合格の涙。それにつられて集まってきた先生方の涙。できないをぶっ壊せ。そんなチャレンジをしてみませんか？」と生徒に問いかけました。

・進路は誰でもない自分が決めること

「三者面談の日に先生や母親が話す三者面談はもったいない。10年後を想像してみよう。ブラック企業に勤めて抜け出せなくなっても誰も助けられない。結婚したいけど、子どもを産みたいけどお金がない。そんな時、保護者であっても、僕ら学校の先生も助けられない。自分の人生は自分で決めて進まなきゃいけないんだ。誰かに決めてもらったら上手くいかなかった時にその人のせいにしてしまう。自分で決めたからこそ、納得感を持って生きられるんだ」ということを言いました。

・学歴フィルターの話や学費、生涯賃金の話

なんとなく大学生になりたいと努力もせず、今の自分でも受け入れてくれる大学に進み、奨学金の返済に苦しんでいる社会人の話や、大卒の生涯賃金から学費を引いて考えると奨学金を借りることがプラスに働く場合もあるという話もしました。このとき、家庭の収入によっては入学金や授業料が免除になり、さらに給付型の奨学金が得られる修学支援新制度の話などもしました。

・チャレンジしない人の特徴を紹介

以下の3つを紹介し、

①確実に成功することしかやりたくない
②準備が整ったと思えなければやらない
③できない理由を探すのが大得意

これではチャンスは得られないと伝えました。

・生徒のこれからの人生が保護者の方が生きてきた時代と違うこと

「保護者の方が高校生だった頃は高卒の方が多い時代で、何か特別な理由がなければ大学へ進学はしなかったかもしれない。だけど、今の時代は約6割弱が大学へ進学する時代になった。そして首都圏であれば女子生徒の方が大学進学をしている現実がある。ただ、福岡はまだまだ圧倒的に男子生徒の方が進学率は高い。やりたいことが見つかっていないなら大学へ行かなくて良い？　いや、見つけるために行くんだよ。高校まではみんな同じような生活をしているよね。朝8時半までに学校に来て夕方まで授業、そこから部活や塾。やりたいことを見つける時間ある？　大学は自由。多くの人との出会いがある。自分を知ろう。広く視野を持ってみよう」と言いました。

・生徒自身が置かれている状況をありのままの言葉で伝える

「高卒の初任給が15万円前後で、生活費をどのように使っていくのか。家賃が5万円のアパートに住んだとして、残りは10万円ある。朝300円、昼300円、夜400円買い物したら一日1000円。みんな結構コンビニとかでホイホイ買い物しちゃうよね。一日1000円を使ったとしたら月に約3万円だから、残りは7万円。でもアパートの電気代や水道代、ガス代がかかるから、自由に使えるお金はさらに減っていく。これに趣味のお金、化粧品は？　車を持ちたいなら維持費は？　など現実的な費用を計算していく。アイドルの追っかけをしたいと思ったら？　みんな1ヶ月にかかる費用を計算してみて！　15万円を超える人もいるかな。自分の欲求によって一人ひとりの生活費は違うよね？　給与が決まってから考えても遅いかもよ？　さらにもっと先の話をしてみよう。友達の結婚式に出席したら？　友達と旅行に行ったら？　子どもが欲しいと思ったら高校卒業までにこれくらい……」とかかる金額を具体的に伝えました。

そして最後に、

「もし1ミリでも興味を持ったら1階にスタディルームという場所を作ってもらったからそこに集まってほしい。今週の金曜日の放課後から週に一回受験に向けた講座を開くから気軽に遊びにきてね。一点だけ注意してほしいのは夏になってからやっぱり参加したいというお願いは聞けません。初めから教え直すことが難しいから。逆に最初に参加したけどやっぱり進路変えますは自由だから、もし少しでも興味があったら集まってね。以上です。聞いてくれてありがとう！」と言って話を終えました。

スタディルームに来てくれた予想以上の生徒30人

全校集会から約1週間後、スタディルームのオープン初日を迎えました。果たして何人の生徒が来てくれるだろう、プレゼンテーションを聞く生徒たちの表情から10人程度はチャレンジしたいという生徒がいるはずだ。と思いながらも、もし誰も来なかったらどうしようと、内心ドキドキしていました。

当時の3年生は１１６人。あれこれ考えながらスタディルームで待っていたら、一人、また一人と生徒たちがスタディルームに来てくれたのです。最終的には30人の生徒が集まりました。予想以上の生徒が集まってくれたのは嬉しかったのですが、それと同時に来てくれたからには僕としても責任を果たさなければと気が引き締まったのを覚えています。

初回は、今後半年間のスケジュールを共有しました。

これから自分たちが目指す試験を理解してもらうために一般入試と推薦入試の違い。また、推薦入試の中でも指定校推薦、学校推薦型選抜、総合型選抜の違いや、それぞれの試験内容、どんな力が求められ、どのように合格者が決まるかなどを話しました。

肝となる小論文指導についても、以下のように説明しました。

「小論文で大切なのは、『なるほどね、確かにな』という納得感だよ。そのために視野を広く持って、日常で触れるさまざまな物事に『なぜ？』という疑問を持つ力を育てよう。小論文は敵じゃない。きっと生きる上での武器になる。

これは僕の反省点だけど昔は大学入試や就職試験で小論文などの文章試験が課されるものを避けていた。小論文だけではなく、ディスカッションやプレゼンテーションもそう。ここでみんなに考えてみてほしいんだけど『簡単な面接のみ』という試験内容をどう見るか。僕から見ると大事にされそうな気がしない。

ある起業家の方に教えてもらった話だけど、必死に3年間休みなく稼いで貯めたお金でやっと会社が立ち上がりました。最初は一人でやりくりしていたけどやっと少しお金で余裕が出てきた。そこで仲間を一人増やそうと思った。でも、失敗すると会社は潰れるかもしれない。『10分の面接で決められますか?』『誰でも良いですか?』と。

僕も学生時代は文章を書くことを勝手に苦手だ、と認識していたけれど、やらざるを得ない環境で必死にやってみたら今では一番自信のある分野が小論文。他の学校の先生と比べられても全く怖くない。

レベル20の法則っていうのを聞いたことがあって、物事は何事も最初は楽しく感じられなくて、ある程度やってみなければ得意かどうかもわからない。

ポケモンでも初めはレベルアップの地道な作業だったり、使える技も少ない。スポーツでも初めはキャッチボールしてもうまく投げられないし、バットにボールがうまく当たらない。でも上達するにつれて楽しみが増えていく。小論文も意外と向いている子がいるかもしれない。そして将来チャレンジしたい企業の試験内容に小論文のような文書作成試験があったらラッキーだと思えるかもしれない。そうやって選択肢を増やしていくことが大事だと思うよ」

また、初回の講座で「みんなは文章を書くことが得意？　苦手？」という質問を投げかけると9割以上の子が勢いよく苦手の方に手を挙げました。

その様子を見て、「大丈夫、大谷翔平選手も初めは野球が得意かどうかもわからなかったと思うよ。国語の先生方も国語の先生として生まれてきたわけではなくて人生の中で文章を書く訓練をして国語の先生になっただけだよ。今まで文章が苦手だという先輩方も半年で自信をもってくれたから大丈夫。そこは信じて」と伝えました。

そう説明をした後、生徒たちからは「私もやってみようかな」「私でも大学に行けますかね？」という質問がたくさん来ました。僕はみんなに「チャンスはあると思うよ」と返すと、生徒たちの顔がみるみる明るくなっていきました。

総じて生徒たちの反応は良かったです。「じゃあ、私、大学に行く！」と宣言する生徒もいました。

動き出した小論文指導

初回の説明後、職員室がざわついた雰囲気になっていました。

「あの●●さんや■■さんも行ったらしい。大学進学なんて一言も言っていなかったのに。本当に大丈夫なのか？」と職員室で話していたみたいでした。

でも、僕は生徒たちが自分を信じて、僕を信じてついてきてくれれば大学に合格させることができるという確信を持っていました。

その後の数回で講座に来る生徒は徐々に減っていったものの、最終的には20数人が残ってくれました。単純にすごいなと思いました。学びへの意欲もあり、イケイケな感じが目に見えてわかる状態でした。

このときはまだ、ここにいる生徒たちが国公立大学に合格するなんて、そして合格がわかった生徒が膝から崩れて泣きじゃくる光景が生まれるなんて、誰も予想していませんでした。

第2章

まずは生徒が動いた。大学進学の奇跡――

指導の前に勉強の楽しさ、考える楽しさを知ってもらう

「1ミリでも大学進学に興味がある子は集まって！」

そのような声かけから始まった小論文指導開始時点での、スタディルームに来てくれた生徒たちの学校での成績はバラバラでした。上位もいれば真ん中くらいの成績の生徒もいたし、下位の成績の生徒もいました。なかには偏差値でいうと30台後半の子もいました。

一見真面目そうに見えた子も「あの子、舌にピアス開いてますよ（笑）」と言われたような生徒もいました。でも僕の中で小論文の学習は今までの学校で学んできた学習と同列ではない、という思いがあったので悲観はしていませんでした。

受験勉強を進めていく中で、このままでは合格が難しいという生徒も確かにいます。その際は、出願の前に僕から見た素直な合格見込みを伝えるようにしています。それを伝えた後にそれでも第一志望にチャレンジする子もいますし、第二志望に切り替える子もいます。

世の中の学校では教師に認めてもらえなければ第一志望にチャレンジさせてもらえないという話も聞いたりしますが、教師にそんな権限はありません。僕たちの仕事はあくまで生徒の支援だと思っているので自分が持っている情報は全て伝え、その後の決断は生徒にしてもらいます。

自己決定に慣れていない生徒は「どちらが良いかわからないので先生決めてくれませんか？」という生徒もいましたが、そんな時は「じゃあダーツで決めようか」などという冗談で返します。すると生徒は「嫌です！」というので、「そうだよ、自分で決めることが大事なんだ。自分で決めたからこそ上手くいかないときであっても頑張ることができる。あらかじめ幸せな道が決まっているわけではないよ」と言います。

さまざまな選択肢を情報として伝える中で、このチャレンジは難しいかもな、と思える選択もありました。

それでも、「生徒の自己決定」を大切にしていたので、どうしてもこの大学を受けてみたいという希望が出れば、応援するのみです。実際、国公立は厳しいかなと思った生徒でも合格を獲得した生徒もいます。

生徒たちを合格にどう導くか

小論文の指導の前段階として、まずは生徒たちに考えることの楽しさを知ってもらう必要があります。

小論文を書く上で大切なのは、自分でしっかりと意見を持つこと。意見を持つには、自分で考える力を普段から養っていないといけません。そこで最初に行ったのが生徒同士のグループワークです。

例えば「『自由』と『勝手』という言葉の違いを考えてみよう。意味は似ているかもしれないけど、言葉が違うということは意味も違うと思うんだ。グループで話し合ってみよう」と生徒たちに問いを投げかけます。

生徒からは「改めて言われるとそんなこと考えたこともなかった」という声が出てきます。初めから専門知識が求められる問題について考えるのではなく、日常の中にあるものから問いを投げかけることが考える楽しみを知るきっかけになる、と僕は思っています。

「じゃあ、いったん言語化が終わったグループは、これまでの自分の行動の中から自由と呼べるものと勝手に属するものを区分けしてみよう」

生徒たちに行動の区分けをやってもらうと、少しずつ自由と勝手の違いがわかってきます。生徒たちも面白がってくれて、「そういえば去年の修学旅行でお土産を買う時間がオーバーして、バスを待たせちゃったことがあったけど、これは完全に勝手な行動です」と言う生徒も出てきました。

すかさず僕は「なぜそれが勝手だと思ったの？『勝手』に当てはまる条件を自分なりにもうちょっと考えてみようか」と言って、さらに考えてもらいます。

このようなグループワークをやることで、言葉に対する認識力がグンと上がり、自分の行動に意識付けができるようになります。

「これは自由だから許されるな」や「これは勝手だから許されないな」と、考えてから行動ができるようになっていきます。このとき「日常生活で意識してみると人間関係も変わるかもね」という話もします。

「やればできる」という成功体験を積んでもらう

グループワークやディスカッションを通じて意識をしたのは、生徒たちに「やればできる」という成功体験を積んでもらうことでした。

そのためには、ちょっとでも自分の考えや意見が出たら、「その考えの延長にはこんな考えもありそうだよね」や「今の意見はこの部分を知っていてこそ思いつく意見だよね」というように、生徒から出た意見を拾い上げ、自分の意見を口にすることの楽しさを知ってもらいます。

ディスカッションを通じて学びを深めるためには、その場が生徒たちにとって「なにを言っても否定されない空間」でないといけません。

当初、彼女たちは勉強に対して苦手意識を持っていましたが、徐々にこれまでやってきた勉強とは違うということに気づいてきた様子でした。

本格的な小論文指導は7月に入ってからでも間に合わせる自信はあったのですが、小論文指導に入る前にとにかく知らないことを知る喜び、考えが深まる楽しさを知ってほしかったのです。

高校生は原稿用紙が嫌いな子が多いです。授業で原稿用紙を持ってきただけで、「うわ、原稿用紙が来た」と、露骨に嫌な顔をする生徒もいます。

6月くらいまでは、小論文指導よりも生徒の意識を変えることに注力していました。「指導するにあたって、何か特別な環境や教材を用意したんですか？」という質問をいただくのですが、学校側に用意してもらったのはスタディルームだけです。冬場にかけて空気清浄機だけは置いてもらいましたが、教材は、基本的には大学の過去問と自前で用意したスライドでした。

最初は週に1回、スタディルームでのディスカッションをメインにやり、7月に入ってからは週2回に増やしていきました。

小論文指導をする上で大切なもう一つのポイントがあります。**それは生徒たちに「小論文には答えがない」ことを知ってもらい、答えがない問題に慣れてもらうことです。**

生徒たちが小学校から受けている教育は、ほとんどが「決まった正解のある問題」で構成されています。一方で小論文の試験には正解はありません。求められたテーマに対して自分の意見や考えを自分の言葉で書くことが求められます。

指導する段階では僕も生徒と同じテーマで小論文を書き、解説の際に生徒たちに見せます。でも、生徒たちには「これは模範解答じゃないからね」と伝えます。

生徒と僕の解答を比べて「ここが同じで、ここが間違っているじゃなくて、あくまで僕の解答は解答例のひとつだから、ひょっとしたらみんなの方が正しいかもしれない。小論文を指導する先生が3人いたとしたら同じ問題について解答しても三通りの解答になる。他の人と比べてみて話し合ってごらん」と言います。

こういう時間を取るのは非常に大切だと思っています。

小論文指導を本格的に始めるのは夏休み直前の時期ですが、夏休み期間中も週3日程度講座を行います。

進学校では受験に向けた夏期講習などは一般的だと思いますが商業高校ではそうではありません。授業がない夏休み期間は自由登校なので進学へのモチベーションを保ち続ける必要があります。

自分で選んで小論文指導を受ける。このためだけに学校に来るのには、やはり「勉強が楽しい」という感覚や成長している実感を持ってもらう必要があります。

仮に、5月からいきなり小論文指導に入ってしまうと、できない生徒のモチベーションは下がってしまい、夏休みに入ったら「行かなくてもいいかな……」と夏休み中は学校に来てくれなくなってしまいます。

これは僕にとって苦い経験のひとつでもあります。

前任で勤めていた高校の1年目のとき、夏休み前までにモチベーションを作る仕掛けを作れず、夏休み中に学校に来ない生徒が多数出てしまったのです。

保護者の方に連絡して学校に来てもらえるようにお願いするのですが、保護者の方も「『学校に行ったら』とは言っているんですけどね……」とあまり強く言えない様子で、結局、夏休みで遅れた分を取り戻すことができずにうまくいかなかったのです。

そのような経験があるので、小論文を書くのが楽しくなるための環境作り、仕掛け作りは、とても大切だと感じています。

しかし、女子商の生徒たちはみんな夏休みでも楽しそうに学校に来てくれていたので、夏休みが終わる時点では「この子たちはもう大丈夫だ」という手応えはつかんでいました。

これが例えば、進学校の生徒なら、大学進学を必須に課せられているので、どこかやらされている感じもあると思います。でも、女子商の生徒たちは、就職か専門学校しか選択肢がなかったところに、いきなり「大学進学」という可能性が降りてきて、しかも自分たちの努力次第で行けるかもしれないと感じてくれていたのです。だから、学ぶ意欲が断然違います。

積極的に質問をしてくれるし、僕が呼んだ外部の大人の話を聞いた後、目をキラキラさせながら質問しにいきます。

志望理由書の作成に精通しているゲストの先生に来校いただいた際も「今まで多くの高校さんで講演をやらせてもらったけれどこんなにまっすぐな目をして話を聞いてくれる生徒さんたちは珍しい。あんなに頼られたらこっちが元気になるね。受験までの間、いつでも協力させてもらうので気軽に連絡くださいね」とお声がけをいただき、これは女子商に来たときから僕も感じているものでした。

僕は女子商の生徒を表現するときに「ピュアな子ばかり」という表現をしていて、まさに彼女たちはまっすぐに取り組んでくれました。

他校との交流で得た生徒たちの自信

1年目の夏休みでの象徴的な出来事が、他校との交流でありました。関西の高校7～8校がオンラインで開いている合同で小論文を学び合う「小論文チャレンジ」という交流会に女子商の生徒も参加しました。

生徒は全体で50～60人程度参加していて、同じテーマで小論文を書き、どの小論文が最も良いか、それはなぜかなどを5～6人の小グループで話し合いながら学びます。

最も良い小論文の発表に移ったときに「私たちが選んだ小論文は福岡女子商業高校の●●さんの小論文です」とさまざまなグループで女子商の生徒たちの小論文が選ばれたのです。

これまで勉強会に参加するだけで緊張していて、しかも学習に関する機会で褒められた経験の少なかった子たちなので、みんなとてもびっくりしていました。僕からすると夏休み時点である程度仕上がっていたので驚きはしなかったですが。

これまでも一生懸命に僕の指導についてきてくれていましたが、心の中では「本当に私たちが国公立大学に合格するのだろうか」と半信半疑であったのが、この日を境に自分たちのやっていることに自信を持った様子でした。

自分たちの書いた小論文が初めて外部の評価をもらったことで、彼女たちにとっては大きな自信になっていきました。

この出来事で「私たちはやれている!」とますます勢いづいていったのを覚えています。

この様子をオンラインで見ていた関西の著名な先生が1週間後、「女子商をぜひ視察したい」と連絡をくださり、わざわざ福岡まで来てくれました。

これには驚きました。なぜ福岡まで見に来たか理由を尋ねたところ、「生徒たちの雰囲気というか、勉強に対してものすごく飢えている感じがして、とにかく貪欲さが凄かった。だから一度、生徒たちに会ってみたかった」とおっしゃったのです。

女子商の生徒たちは周りの受験生を知らないので、いい意味で自分たちのペースやテンションを保てたのだと思います。

褒める習慣をベースに生徒達のモチベーション維持

高校生は一つのキッカケがあれば飛躍的に能力が伸びていく。大事なことは受動的な学びから能動的学習に変容できるかだと思っています。

小論文指導は半年ほどの長丁場で行っていきます。新聞や雑誌で紹介していただいてから全国の高校が頻繁に進学指導の視察に来られるようになりました。僕のやってきたことは隠すことなく全てお伝えしていますが、特に大事なポイントはいかに指導者が自分で小論文の解答例を作れるかという点と、生徒のモチベーションを持続させる仕掛け作りができるかだと思っています。

とても意識していることは夏休みを終える頃までに学び方を理解し、能動的に学ぶ力を身につけてもらえるかどうかです。

ただ、モチベーションには波があるので、「このまま続けてやっていけるか不安です」と相談に来る生徒もたくさんいます。そもそも、大学進学が目的で女子商に来たわけではないし、他校の生徒の受験勉強の様子を見てきたわけでもない。不安になる気持ちもよくわかります。

僕が小論文指導を始めるときや入学してくれた1年生に向けてする話が、有名な話ですが「4人のレンガ職人の話」です。

世界を回っている旅人が道を歩いていたら、4人のレンガ職人が別々の場所でレンガを積んでいた。旅人は4人にそれぞれ、「あなたはここで何をしているのですか?」と質問します。

1人目の職人は「見ればわかるだろう。レンガを積んでいるんだよ」と答えます。その男の顔は疲れた表情に満ちている。

2人目の職人は「壁を作っているんだよ」と答えます。レンガを積んでいけば壁ができるということまでは認識しながら作業をしている。

3人目の職人は「学校を作っているんだよ」と答えてくれた。この作業によって何ができるかまでは認識している。

4人目の職人は「子どもたちが安心して学べる環境を作っているんだ。この場所によって未来が明るくなるはずなんだ」と笑顔で答えてくれた。これまでの3人と同じ作業をしているにもかかわらず誰よりも生き生きと働いている。

4人とも同じことをしているが、その先に見えているものや「何のために」の解像度が違う。

この話を勉強に置き換えると、

1人目「怒られるから。勉強が当たり前だから」
2人目「大学や専門学校に行くために勉強している」
3人目「教師になるために勉強している」
4人目「子どもたちの心に火をつけられる人間になるために学んでいる」

というようなアレンジをしてから生徒たちに「みんなは何人目の職人？」と尋ねます。そのような問いかけを通じて何のために学んでいるのかの認識を深めてもらいます。

僕がモチベーションの高め方で意識をしているのは、「やりたいと思えること」「やるべきだと思えること」「やれるかもと思えること」の3つが揃っているかを確認します。

学びの先にあるものが押し付けられただけでやりたいことではなかったりした場合にこちらがそこに気がつけなければどのような声かけであっても能動的に学び続けられる状態にはなりません。

この話はオープンスクールなどでも話すのですが、保護者にも「なるほど」と頷いていただいています。小論文の技術的な話よりも物事の捉え方を一緒に考えていくことの方が重要だと僕は思っています。

また、「マズローの欲求5段階説」の話も小論文を教えるときにしています。マズローの欲求5段階説は、人間の欲求は「1・生理的欲求」「2・安全の欲求」「3・社会的欲求」「4・承認欲求」「5・自己実現の欲求」の5階層に分かれているという理論で、ピラミッド状の階層で表現されます。

人間が自己実現をするためには、承認欲求が満たされてから「自分のやりたいこと=自己実現の欲求」を満たし始めるという考え方があるという話をします。

5段階の欲求を簡単に説明します。1の生理的欲求は、食事や睡眠などいった人間が生きるための本能的な欲求を示しています。2の安全の欲求は、自身が危険を感じてしまうような状況から脱したいという欲求です。

3の社会的欲求は、家族や友人、会社などの組織に受け入れてほしいと願う欲求。4の承認欲求は、所属集団の中で認められたい、他者から尊敬されたいなど他者から認められたいと願う欲求です。承認欲求を満たされて初めて、5の自己実現の欲求を満たす段階になっていきます。

このような話が小論文の問題で扱われることもあるのですが、自分をメタ認知することにも繋がります。家庭で揉め事があって勉強に集中できないという子から相談を受けても、このような理論を知っておくことでそれは自然なことであると認識することができる。

俯瞰しながら言葉によって物事の捉え方を変えられるスキルは生きていく上でとても大切だと思っているので、そんな話を交えながら学ぶことの楽しさを知ってもらえるように努めています。

さまざまな認知バイアスについての話もするので「あっ、アンコンシャスバイアス！」という会話や、「確証バイアスに陥ってない!?」といったような会話などを通じて、自分たちで内省できる力の育成も心がけでいます。

小論文を指導する時は常に生徒たちのモチベーションや心の状態をくみ取るようにしています。強制的に学ばせて大学に合格したとしても大学生となり、周りからの強制力がなくなれば自分で自分を動かせない状態になってしまいます。僕が最も力を注ぐのは来ても来なくても良い状態で、生徒たちに足を運んでもらえる環境作りを行うこと。

体調不良などで欠席してしまった生徒が翌日に、「昨日の講座の内容どんな話だった？」と聞いている様子などはとても嬉しく思います。僕は子どもたちの「なるほどね」を増やしていけるかが勝負だと思っているので学び続けなければすぐに飽きられてしまいます。ただ、話をさせてもらった後には「僕の話も人から聞いたり、本から学んだりした話だけど、読んだり聞いただけじゃ成長しないよね。話を聞いた後って成長した気になるけれど、君たちも椅子に座って聞いていただけだからね。刺さる言葉があったらできるだけ自分の中に余韻を残して自分の行動に変化を起こしていこうね」と伝えています。

大学進学は生徒の可能性を増やす選択肢のひとつ

当時の女子商の進路指導を振り返ると、「専門学校に行きたい」と言う生徒がいたら、他の選択肢を示さずその道を応援するという先生が多かったように思います。

僕が「この子は大学進学もできると思いますが、自分でその可能性に気づいていますか？」という話をすると「生徒が行きたいと言っているのだから、それでいいじゃないか」と強めにおっしゃる先生もいました。生徒も「あの先生は自分の意見を尊重してくれて、夢を応援してくれる先生だ」と喜んでくれるし、教師としてはとても楽です。

ただ僕が考える高校の教師の役割とは少し違います。さまざまな選択肢を元に納得のいくまで壁打ち相手になる。考える習慣のない生徒ほど、この「考え抜く時間」を嫌います。しかし、そんな生徒ほど、入学・入社して早々に辞めてしまったり、もっと考えておけばよかったと後悔したりすることが多い印象です。

僕の進路指導のスタイルは、生徒の意向は尊重しつつも「生徒の選択肢を増やす」こと。

最終的な意思決定は生徒がしますが、「大学に行けばこういう可能性があるかもしれない」「その仕事に就きたいなら、こんな道もあるかもしれないね」などと、生徒にできる限りの情報を与えて、生徒自身に選択肢を増やしてあげることが大切です。

例えば、「子どもが好き」という理由で保育士を目指している生徒がいるとしたら、「まずは保育士の現状を調べてみるのがいいかもしれないよ」と話します。「給与はどのくらいなのかという基本的なデータから調べてみるのも良いかもよ」という話から、保育士を辞める一番の理由は、「子どもを預けている保護者の対応に負担がかかる」という理由のため、「もしかして保育士になったら子どもたちだけとコミュニケーションをとると思ってない？」とも投げかけます。

このようなコミュニケーションは、教師にとっても生徒にとっても大変なやり方です。とても時間と労力が要ります。でも、未来ある生徒の進路指導にこそ、手間をかけて可能性を広げていくことが大切だと思っています。

あくまでも大学進学はそのうちの選択肢の一つです。受験勉強を通じて、たくさんの知識を得れば考え方も変わっていきます。そうすれば生徒自身から「こんなことがやりたい」という目標が出てくる場合もあります。そうなれば「じゃあこんな可能性があるよね」と、またサポートをすればいいのですから。

第3章

生徒は動いた、次は……

生徒を動かしたら、次に保護者を動かす

夏休みを控えて、生徒たちが意欲的に学んでいる姿を見て、大学合格への手応えを感じていた時期に、新しい課題に向き合っていました。

それは**「保護者の理解を得ること」**です。

女子商はもともと、進学校ではありません。

僕が赴任する前の卒業生の進路は短大・専門学校が約４割、就職が約４割で、大学に行くのは10人程度。大学も全て私立大学で、国公立大学に進む生徒は数年に１人出るかどうかという状況でした。

進学校であれば、保護者も自分の子どもを大学に行かせる前提で入学させているので問題はありません。しかし、女子商に娘を通わせる保護者は、専門学校や就職を想定して入学させているので、自分の娘が大学の受験勉強をしているのは驚きに近いものがあります。

どんなに生徒が一生懸命勉強しても、僕たちが進路を決める権限は持っていません。保護者の方にきちんと納得してもらった上で、受験に臨んでもらう必要があります。

生徒たちには夏休み前に「大学に行くと決めたら保護者の方と十分に話し合っておくんだよ」と言っておいたので、大半の保護者には生徒から伝わっていました。保護者の多くは「進路は娘に任せているから」という考えですが、それでもびっくりしている保護者もいたようです。

「国公立大学に行くと兄に言ったら『お前、間違いなく騙されてるぞ』と言われました」という生徒もいました。

実際に僕が保護者と話をすることもありました。

保護者から詳しく話を聞いていくと、父親・母親ともに大学に進学していないので自分の娘が大学に行く姿が想像できないというケース、大学は男の兄弟が行くので、女の子は就職か短大で十分というケース、兄が大学に行っているけど遊び回っているので妹には堅実に就職してほしいというケース、経済的に大学に行かせる状況ではないケース、など、さまざまありました。

また、職場の部下の話などを元に「よっぽど高卒の方がしっかりしているから大学なんて行く必要はない」という話や、「自分も高卒だけど不自由を感じたことはない」という話もありました。


「人間は自分が20代の頃の社会を標準として人生を生きてしまう」という話を聞いたことがありますが、世代も異なりますし、自分の身近な例での判断だけではなく、社会全体の傾向を共に考えながら子どもたちに判断してもらうことが重要だと思っています。

かつては仕事においても誰かが答えを持っていて、トップダウンによる指示系統がしっかりしていれば機能する。高度経済成長を実現した工場労働モデルはその時代にはフィットした働き方だったと思います。しかし、今後は大きなビジョンに基づいてそれぞれがその場所への向かい方を考えて行動することが求められると僕は思っています。

それは仕事の話だけではなく、人生においてもそうです。

経済産業省もいう「昭和の人生すごろく」と言われる、良い大学に入って、大企業に就職すれば安泰だったような社会ではありません。ですので、高校や大学の選び方や学校の在り方も変わらなければならないと考えています。

「今の若手は納得しなければ動かない」という話を聞くこともありますが、自然な形だと思います。労働人口の減少や転職や複数の仕事を持つ複業なども一般化されつつある今、会社が人を選ぶ時代から人が会社を選ぶ時代になることが必要だと思います。そのような流れから組織の中では対話の重要性が語られていますが親子関係においても同様であると思っています。

このような話から、保護者の方とも社会的なデータを元に時代の変化を感じてもらいながら正解の道はないという認識のもと、生徒の自己決定を尊重してもらえるよう動いていこうと覚悟を決めました。

大学進学の「いま」を保護者に伝える

保護者の方への進学説明会で話をする機会を得た僕は、まず大学進学に関するグラフなどを用いてデータを基に話を進めました。

大学進学率も保護者のみなさんの時代よりグンと上がっていて、いまは6割近くの高校生が大学に進学していること。昔は女性が行く大学といえば短大でしたが、いまは男女問わず4年制大学に進んでいて、短大に進む高校生は全国で5％以下であること、地区によって4年制大学に進む男女比は異なっていて、首都圏では女子生徒の方が多いくらいですが、九州ではまだまだ圧倒的に男子生徒の割合が高く、福岡も同様で男子生徒が多いことなど、客観的なデータを話しました。

また、生涯賃金などの話や奨学金が大きな負担になっていることなども伝え、奨学金に関しても「元は選択肢を増やすことのできる救済措置的なものであったと思うのですが、いつの間にか逆の形で社会問題になっている。構造を理解しながら、ただ恐れるのではなく、正しく恐れましょう」という話もしました。

奨学金というと、「大学を卒業したら返済義務が発生するから不安だ」という保護者の声もあります。

この不安に対しては、2020年度から文科省が始めた修学支援新制度を使えば授業料の免除や、月額数万円の給付金をもらいながら大学に通えることを説明します。イメージをつかんでもらうためにＪＡＳＳＯ（日本学生支援機構）が作った「進学資金シミュレーター」を使ってもらえれば、収入など数字面を入れてもらうだけで、奨学金支給の要件を満たしているかどうかもわかるし、満額支給なのか、３分の２支給なのかなど支給額の目安もわかります、と伝えます。

こうした制度はまだまだ一般的に知られていないので、話をすると「こんな制度があるんですね」とびっくりする保護者もいます。「お金の心配がないのであれば、進路は子どもが決めたらいいいんじゃない」と納得する保護者もいます。

実はこの制度、高校の教員であっても詳細に理解している人はそんなに多くありません。「お金の話に関しては、家庭の話なので、教師が口を挟むことではない」という考えの先生もいて、積極的に活用しようとしない現状もあります。

でも、こうした制度を利用して生徒の選択肢が広がるのであれば積極的に活用すべきで、経済的に不安を抱えている家庭にはよくお話をさせてもらっています。

高校を出た後、娘に就職をしてもらって家に仕送りをしてもらいたいという保護者もいます。こうした考えに対しては、短期的な視点ではなく中長期的な視点でお話をします。

仮に高校を卒業して就職をして、15万円ほどの月給の中から仕送りをするよりも、学費免除で大学に進み、数万円の給付金を受けながらアルバイトで稼いだお金で仕送りを捻出することもできます。くわえて通常の4分の1の学費で通える夜間主コースを設置している大学もあります。

大卒でなければ勤められない就職先を希望している生徒の家庭には、一般的に大卒の方が選択肢も増えるし、初任給も高く設定されている場合が多いので、「経済的な面を考えたら、進学という選択もありかもしれません」という話をします。

尊重すべきは生徒の自己決定

こうした話を保護者とした上で、最後に話すのは**「生徒の自己決定を尊重してあげてほしい」**という僕の願いです。

もし、自分が決めた以外の進路を選んでしまったときに誰かのせいにしたり、後悔したりするかもしれない。「あの場であぁ言われたから、この道を選んだけど、本当はあっちに進みたかった」と生徒が思ってしまったら、それは不幸なことかもしれません。「自分で決めたことにきちんと責任を取って行動することが大切なのではないでしょうか」と保護者には伝えています。

保護者が「子どもの進路を決めてあげないと」という価値観から、「子どもの人生だから最終決定は子どもに任せてみよう」という価値観に変わればいいなと思っています。

「うちの娘は、まだそんな判断はできないから」と考える保護者もいますが、そうした思考を少しずつ解きほぐしていく努力をしています。


保護者が生徒によく「何のために大学に行くかがはっきりしない限り認めない」という話をする場面を見かけます。これについては、むしろ逆に『何のために』を見つけるために大学に行く」と思っています。

これは全員で同じような学びを受ける高校までの学校教育に問題があると感じています。8時半から16時頃まで授業をし、放課後は部活動をして19時頃に帰宅をする。熱心な部活動であれば土日も休みがありません。

そんな毎日の中で自分が興味のあるものを探す時間や、心が動く出会いを得る機会なども少ない。学校教育が変わっていけば高校3年間である程度の道筋はつけられるかもしれませんが、今は大学の4年間でやりたいこととやるべきことを見つける時間を持つことに意味があります。

目標がないなら、手に職をつけるという意味で専門学校を希望する保護者もいます。でも、専門学校に目標を持たずに行くのは非常に怖い。それこそ、明確な目標や意識を持たないと就職はおろか通い続けるのも大変です。

実際、専門学校に入ったけど、途中で辞め、奨学金を抱えながら別の仕事に就き20代が奨学金の返済期間となっている人も多いです。

本人が強い目的意識を持って専門学校に入るのであればいいのですが、みんなが行くからという理由で専門学校を選ぶのはオススメしません。

製菓の専門学校へ通っていた同級生と話をした際に、卒業後10年経っても製菓関連の仕事をしている人は25人中5人程度だよ。という話を聞きました。

その友人がイメージしていた将来は、自分の好きなお菓子を作り、店頭で直接お客さんに手渡す。そしてそれを食べたお客さんから直接喜びの声を聞くことができる。

しかし、専門学校を出てからの就職先は工場勤務で指示されたレシピ通りに仕上げ、誰が食べてどんな感想を持っているのかも自分には届かない。そして給与面もとても満足できるものではなく、10年以上先輩の方の給与を聞く機会があり愕然としたそうです。

このままでは自分のやりたいことも自分の生活も成り立たない。そう思い全く別の業種で一から仕事を始めるという選択をしました。

一方、進学説明会でお話を聞いたパティシエの方がお話ししてくれた内容は、「僕の仕事を説明するね。人間は良いときばかりではなく、本当に辛い期間もあるよね。仕事がうまくいかなかったり、恋愛でうまくいかなかったり。でもそんなときに僕のお店に立ち寄ってくれて僕の作ったチョコレートを口に運んでくれたその一瞬のときだけはその辛さがパッと吹き飛ぶ瞬間があるんだ。人間は美味しいものを食べると嫌なことを忘れるよね。僕の仕事はその一瞬を作る仕事なんだ」と心が動く話でした。

キャリアを考える際に職名を使わずに自分が何をしている人間かを説明してもらうと、より深く自分の将来についてのワクワクが始まる気がしています。

華やかなイメージだけではなく、実際の情報を集め、どんな人生を送りたいかを考え、その達成のために必要なことを学び、自分を動かすことができるかが重要ではないかと伝えるようにしています。

登る山を決めたら、半分登ったも同じ

7月下旬にある三者面談を終えると、生徒たちは書道室に向かいます。生徒たちはそれぞれ志望校への意気込みと自分の名前を半紙に書き込みます。「佐賀大学に合格します」であったり、「長崎大学合格、必ず見返す」など。

このとき「えっ、あんたが長崎大学を目指してるの？」という声かけを恐れている生徒が多いです。そんな生徒たちを見て「僕は基本怠け者だから自分でやるって決めたことは口に出すようにしているよ。後に引けない状況を自分で作るために」と言いました。

「もし覚悟を決めるために同じようなやり方が必要だったら書道室を開放してもらうから、昼休みにおいで」と声をかけたところ多くの生徒たちが集まり、自分の想いを書き込みスタディルームに張り出すことになりました。

20枚程度の気合いの入った書き込みが揃った頃、職員室の先生方の間では「自分の名前を書いてあんなに高い目標を掲げると受からなかったら可哀想じゃないですかね」と言う声も上がりました。

そのような声に対する僕の考え方は、**「合う・合わないはあるので嫌であれば書かないし、後から嫌になったら外せばいい」**です。

学校現場は少しでもリスクがあるものを大人が先回りして潰しすぎていると思います。僕は学生時代にさまざまなことを学び、実践して後から振り返ることにようまく生きるための方法を学ぶことが重要だと思っています。

2学期が始まる9月頃には、模擬合格発表というものをやります。これは大学の合格発表用紙とほぼ同じ用紙を作成し、7割合格、3割不合格の割合で用意します。そしてくじ引きと同じ要領で引いてもらう。

このような取り組みは事前説明が重要で何のためにやるかを伝え、必要性を認識した生徒たちで行います。

模擬合格発表を行う目的は2ヶ月の喜びや後悔を先取りするため。合格の喜びや不合格後にもっとできたのにという想いを先に反映させます。それぞれのレジリエンスも異なりますし、必ずしも全員で行う必要はありません。

そして、みんなで学習していてもそれぞれ異なる結果が返ってくるという現実を先に知ってもらうためです。

「ただのくじ引きなのでみんなの実力は反映していないのでご安心を」と伝えは

しますが、同時に「リアリティをもって望んでね」とも伝えます。

どんな状況でどんな人と見てその結果をどのように伝えるか。ドキドキするよね。と伝えながら一人ひとりに引いてもらいます。

「まだ開けないようにね」と伝えても、開封前には独特の緊張感が流れます。みんなの手元に揃ったところで、「ではそれぞれのタイミングで開封してください」と伝えると「やったー！」と喜ぶ声と普段は見せない苦笑いを浮かべる生徒たちが同居します。

「合格した生徒はおめでとう。大学入学まで自分にできることを進めてください。残念ながら不合格だった生徒は第二志望に向けて相談するのでこっちの部屋まで来てください」と伝え、「本番の合格発表後には第一志望はもう戻ってこないからね」と伝えて模擬合格発表を終えます。

僕の経験では、集団で学習を進めると自習時間であっても仲の良い子たちの間で学習リズムが似てきてしまいます。しかし、合格に向けた学びで必要な学習量、学習方法は異なるので、自分のリズムを再確認してもらうためにこれを行います。

要は「全員で合格しようね！」と何度願いあっても、受験は残酷で仲良し3人グループの中で2人だけ合格し、自分だけ不合格の可能性もあるのです。

例えば仲間の力を借りて「明日は10時から勉強しようね！」と集まることを約束することでプラスの効果を生み出すこともあれば、「もうそろそろ帰ろうか！」という流れによって学習量が足りなくなる可能性もあります。

そのため、「みんなが同じ人生を歩む確率はとても低いわけだからみんなは待ってくれないよ。自分で考えて自分で学習スタイルを確立しようね」と伝えます。


ある生徒は、不合格の用紙を自分の小論文ノートに貼り付けていました。

理由を尋ねると「今日みたいな思いを忘れないために」と。このような体験を経て、2学期からの時間をより有効に使う生徒たちも増えてきます。

大学に行きたい……娘の真剣な思いが父を動かした

1年目に一緒に大学進学を目指していた「スタディルーム組」の生徒たちを引っ張っていってくれたのは、ジャニーズ好きの県外受験を決めた彼女でした。

受験勉強が始まった6月頃は講座の時間はみんな集まって学習しますが、それ以外の時間はまだまだ受験勉強のために放課後に自ら学習に励む状態ではありませんでした。

僕としてもどのような形で強制力を使わずに自然と学びに向かってもらう仕掛けを作ろうかと模索しながら放課後のスタディルームに向かうと先ほどの彼女が一人黙々と受験勉強のための小論文ノートの作成をする姿を目にしました。

「おっ、モチベーション高いね！　何かわからないところはない？」とコミュニケーションを取ってその日を終えると、その翌日も、その翌日も彼女は一人で学習を進めていました。

　その様子を見た他の生徒たちが一人、また一人と自然と増え、気づけば放課後のスタディルームが受験生たちの部屋として機能するようになっていました。

　他の生徒たちが「本当に合格したいと思ったら●●ちゃんみたく自分から勉強しないと置いていかれちゃうよね」と言っていたのが印象的です。

　彼女の保護者も、最初は大学進学に反対していました。彼女が家で勉強していても「まだ受験勉強しているの？」と言われる状態のようでした。彼女はそれを言われたくないので、できる限り学校に残って勉強をしていて、人一倍勉強する習慣がついていました。


　これは彼女から聞いた話なのですが、8月に入っても彼女があまりにも勉強を続けているから、お父さんが気になって彼女の部屋をのぞいたらしいのです。そうしたら、すごい量のファイルや書きためた小論文を見つけてすごく驚いたと。

その後、彼女が勇気を出してお父さんに「大学を見に行きたい」と言いました。でも、お父さんは「そんなの行く必要はない」と言ったそうです。ところが後日、お父さんが彼女の部屋にふらっとやってきて、「もしまだ大学を見に行きたいんだったら、俺が車で送って行こうか？」と言ってくれたそうです。

彼女の志望大学は関西にあります。福岡から関西まで車だとかなりの距離です。まさか「お父さんがそんなこと言ってくれるなんて思ってもみなかったから」と彼女はその場でポロポロと泣いてしまったそうです。


この話を聞いたとき、僕は彼女の気持ちが通じたことに本当に安心したと同時に、彼女の気持ちが最終的に尊重してもらえなかったらどうしようという怖さをずっと持っていたので、率直に嬉しくて、思わず彼女と一緒に涙を流してしまいました。

これはもう僕の力だけではどうしようもない部分ですし、彼女には「一緒に頑張って応援してもらえるようにしよう」と言っていました。彼女の真剣な思いがお父さんに通じて良かったと思います。

これは僕の中でとても記憶に残っている話です。彼女の大学への思いが真剣だとわかってくれたからこそ、お父さんの心の琴線に触れて、応援してくれるようになったと思います。受験前にもお守りをもらったようで、受験した大学もスタディルーム組の中で最も高い倍率だったにもかかわらず、見事合格を勝ち取りました。

いろいろな保護者の方と話をしてきましたが、子どもが数ヶ月にわたって一生懸命勉強していている様子や、将来に向かって本気で取り組んでいる姿が一番保護者の心を動かすと、心の底から感じました。

このような経験から「親が認めてくれません」という生徒たちには、「納得してもらってから努力を始めるのではなく、努力している姿とセットで納得してもらえるように頑張ろう、保護者の方が何度も信じてくれたけどあなたが投げ出したこともきっとあるでしょ？」と笑いながら伝えています。

保護者の皆さんは、基本的には反対をしているのではなく、心配をしているのだと思います。

心配の裏側には「失敗をしてほしくない」という気持ちがあります。子どもに成功してほしいというよりも、泣き崩れる姿を見たくない、失敗をしてほしくない。そんな思いがある、と生徒たちにも伝えます。

実は、僕自身も似たような経験をしています。

僕が「教師になりたい」と言ったときに父親からは反対されました。「正規の教員は倍率も高いし、父さんの身近な人で30歳になっても非常勤講師として働いている人もいる。やりたいことをやって稼げている人はほんの一握りなんだから。安定した職業を探したらどうだ？」と言われたのを覚えています。

僕は「やってみないとわからないだろう」と反対を押し切って教師になりましたが、校長になった今、父親はすごく応援してくれてマメに女子商のホームページをチェックしているみたいです（笑）。

このような経験から親はその道に進むことに反対しているわけじゃない。心配している。もしその道でうまくいけば喜んでくれるはずだよ。と生徒たちに伝えます。

「親を裏切るわけにいかない」と言う生徒もいますが、裏切りではありません。子どもが子どもらしく納得のいく人生を歩んでいることがきっと一番の親の望みです。


高校生は、一つのキッカケがあれば飛躍的に能力が伸びていきます。

今教師に求められる力は「何のために」を伝える力だと思っています。これまでの教育では「当たり前」によって動かされていたことが多いように感じます。

「将来のことを早めに考えるのは当たり前だろう」では生徒のモチベーションは高まりません。

これまでの高圧的な「指導」から脱却し、「何のために」をさまざまな場面で共に考えていくことで生徒たちに内発的モチベーションが生まれ、僕たちの仕事が「支援」に変わるのだと思います。

余談ですが、女子商の大学進学が世間に注目されるようになり、全国から学校視察に訪れていただく高校が増えました。そんな中で「うちもかなり厳しく生徒たちを指導しているつもりですが、女子商さんはどこまで厳しく指導されているんですか」と気合いの入った先生方が訪れることがあります。

そんな先生方はうちのスタディルームを覗いて拍子抜けしたような表情をされます。お菓子を食べながらドリンクを飲みながらソファで読書していたり、机に突っ伏して休息を取っている生徒もいる。

うちは極力「こうしなければならない」というルールではなく、自分たちで考えながら学ぶことを大切にしています。そうでなければ響くものも響かないと思うのです。

第4章

涙の結果発表

勝負の受験1ヶ月前

僕の小論文指導スタイルは、夏休みまでは事前に問題の解説を行い、解説を聞いた上で小論文を書いてもらいます。

小論文は知識がなければ手も足も出ない問題が多いので解説なしに書くスタイルであれば書くことが嫌になってしまいます。ある程度その社会問題の解説とその解決方法の実例などを解説し、自分で組み合わせて書き上げるイメージです。

そのため、僕としての勝負は解説後に生徒たちが「書ける！」と思う説明をすることです。書き上げた後に「さっきの問題、慶應大学の問題だよ！」と投げかけると生徒たちは驚き、自然と「あれ、小論文を活用した入試ならいけるかも」とその気になってもらうことを心がけます。

一問、また一問とさまざまな問題を解いていくごとに社会問題が繋がっていることを理解していきます。

例えば、労働力不足の問題の解決法としては女性・高齢者・外国人とＡＩによる生産性を高めることを学んだ場合、「以前に学んだ、女性の活躍を推進するには女性の働きやすさだけではなくて、男性の育児休暇取得率を高めることが有効という問題があったな」であったり、「以前に学んだ、学べる環境の整備や社会保障のあり方を見直し、リスキリングを促進しなければ高齢者の活用は難しいな」であったり、自然と知識が蓄積され、自分の力で書き上げる楽しみが出てきます。

初めの方はドキドキしながら添削に来ていた生徒たちも、途中からは僕が解説した話以外の自分で作った小論文ノートの中から僕が知らないような知識を用いて書き上げる子も出てきて、「よくこんなこと知ってるね」と伝えると、とても嬉しそうに解説してくれます。

夏休みを終えると小論文の問題を先に自力で解き、添削、その後に全体解説という流れに変えます。

小論文に関しては毎日1本書き上げます。この頃からは本格的に志望理由書の作成や、面接・グループディスカッションの対策なども同時並行して行うこととなります。

前任校では担任が志望理由書の作成や面接、進路指導部でグループディスカッションや小論文を担当し、僕はその中の小論文の責任者として分業できていたのですが、女子商では推薦書は担任の先生に任せ、直接的な指導はほとんど一人で行いました。とてもハードなスケジュールでしたが勇気を出してチャレンジを決めた生徒たちの援護射撃に必死でした。

受験本番一ヶ月前は授業も持ちながら経済学部・経営学部・法学部・看護学部・国際学部、それぞれの小論文の過去問を選び、その解答例を作り、それぞれの生徒の志望理由書の添削、各大学のアドミッションポリシーを確認しながら面接。

また、グループディスカッションの課題を作り、アドバイスし、その合間に小論文の添削。全員が書き上げると小論文の全体解説を行い、生徒たちが帰宅すると次の日の準備という毎日でした。

多くの生徒が合格するであろうという手応えはあったのですが、「せっかくチャレンジしてくれたのにもし不合格だったら……」という不安がよぎることもありました。

校長先生や周りの先生方は「一人でも合格者が出たら上出来だよ」と僕を励ますつもりで声をかけてくれていましたが、1割程度の合格率では次年度以降にチャレンジする後輩は出てきません。

放課後に学校に残って勉強する生徒はいないと言われていた女子商で毎日遅くまで学び続けるこの子たちを落とすわけにはいかない、という強い思いで毎日を過ごしていました。

純粋な素直さが合格を生み出した

初めて本気の受験を経験する彼女たちの不安はとても大きかったと思います。僕はこれまでの経験があったため、ある程度合格のイメージが見えていましたが、受験勉強をしようと思わなかった生徒たちが僕の言葉を信じてついてきてくれたのは本当にすごいことです。

特筆すべきは、女子商の生徒たちの素直さです。たいていの人はアドバイスを受けても自分にとって都合の良い解釈をして、その部分しか取り入れない。しかし、女子商の生徒は違った。徹底的に実践してくれた。

この素直さがあったからこそ、「半年間での大逆転」という大いなるチャレンジが結実したと思います。

一人でやるのではなく、チームで支え励まし合えたのも女子商ならではだと思います。

ほぼ全員の生徒が、勉強は苦手、もしくは嫌いで、ほかの先生から「あの子が大学を目指すんですか？」と驚かれ、保護者からも大学以外の進路を提示される環境でした。そんな彼女たちが見出した一縷の望み。同じ想いをもった仲間たちが集まることにより、互いに教え合いながら励まし合いながら安心して学べる環境が整い、勢いを失わずに受験当日まで駆け抜けることができました。

受験に向かう際には多くの手紙を交換し合い、彼女たちの頑張りを見た先生方から励まされ、太宰府天満宮でもらったお札を載せた自作の神棚に手を合わせ、「いってきます」と覚悟を決めた彼女たちの様子は半年前とは大きく異なるものでした。

女子商のファーストペンギン
歓喜と号泣のスタディルーム

彼女たちの思いが結実した瞬間も見届けました。

スタディルームで行われた生徒たちの合格発表。スタディルームのホワイトボードに合格発表の用紙を貼っておきます。そこに自分の受験番号があれば晴れて自分の母校になります。

合格発表前の数日間は「人生でこんなに緊張したことがない」と言いながら発表までの日数を、本などを読みながらこの先に受験を控えている子たちと過ごしています。

発表当日、担任の先生や部活動の顧問の先生など自分がお世話になった先生方に見守られながらスタディルームへやってきます。スタディルームの中へ入ったら「自分のタイミングで進んでね」とアナウンスします。僕たち教員も結果を知らないまま生徒の様子を見守ります。

結果を見る前に「見たくない。もしダメだったら今までの半年間がなかったものになる気がする」とつぶやく生徒もいます。しかし、「なかったものにされたら困る時間の使い方ができたってことは間違いなく成長している。大学の合格で人生が決まるわけではないよ。今の自分になれたことの方が大きい」というような話をしながら付き添います。

そして一歩一歩結果が記されてあるホワイトボードに近づく生徒。紙の前で少しの時間が流れます。

「……あった。私、受かってます」

合格したときの生徒の反応はさまざまです。飛び上がって喜んで先生や生徒たちとハイタッチをする生徒、緊張感から解放されたのか、膝から崩れて号泣し続ける生徒、「本当に合格した」「最後まで諦めなくて良かった」彼女たちが大きな壁を乗り越えた瞬間です。

学校帰りに母親の職場へ報告に行った生徒は部屋中におめでとうの声が響き渡り、親子ともに号泣したという話も聞きました。

もちろん受験なので不合格の生徒もいます。正直合格した生徒に関してはその子が勝ち取ったものなので「安心した」という気持ちで合格発表を終えられるのですが、不合格となってしまった生徒のことはずっと心に残ります。

しかし、皆第二志望には合格し、高校で学んだことを活かしながら学生生活を送ってくれています。どこの大学へ入学できるかで人生が決まるとは思っていません。大きく心を動かす体験がその後の人生を作ると思っています。

僕も福岡に来て無我夢中で生徒たちに接してきて、あっと言う間に時が過ぎていきました。現在の女子商は前述のように「挑戦を、楽しめ。」というスローガンを掲げていますが、僕が来て最初に大きな挑戦を成し遂げたのは彼女たちです。僕にとっても彼女たちの受験サポートは挑戦でしたが、彼女たちとの半年間は一生心に残るものだと思っています。

最終的には1年目は延べ20人が国公立大学に合格しました（長崎大12人、佐賀大1人、大分大1人、静岡大3人、山口大1人、和歌山大1人、北九州市立大1人）。

高校3年生になったばかりの時点では、大学進学など全く考えていなかった生徒たちが必死についてきて努力をしてくれた結果だと思っています。

女子商での合格発表の場に立ち合っていた僕は、生徒たちが合格を知った瞬間に膝から崩れ落ちて涙を流しているのを見ながら、涙が止まりませんでした。

ある生徒の小論文ファイルの表紙には「人生、思った通りにはならないけど、やったとおりにはなる」と書かれていて、大事なことを学んだ彼女たちの卒業式は寂しいけれど安心して見送ることができる時間となりました。

「ファーストペンギン」という言葉があります。

彼女たちはまさしく、「女子商のファーストペンギン」になってくれました。

彼女たちがいてくれたからこそ、2年目・3年目の生徒たちが「私たちも変わりたい」と高い目標を掲げ、大学受験に挑戦してくれるのだと思います。

女子商のファーストペンギンの近況

女子商のファーストペンギンたちに近況を聞くと、それぞれが充実した大学生活を送っています。

大学の先生方からは「福岡女子商業から来た学生は学ぶ意欲が高くて、とても教え甲斐がある」という嬉しい声をいただきます。

特に多くの生徒が進学した長崎大学からは、「どんな進路指導をしたんですか？」と教授がわざわざ女子商まで訪問していただきました。


僕の小論文指導は大学に合格して終わりではなく、生徒たちにとって生涯学び続ける下地を身につけてもらうものです。小論文を学んだ生徒たちは合格後もニュースや新聞などから距離を置きません。一度得た強みを失いたくないということでしょう。

学ぶことの楽しさ、知識を得ることの喜びを高校生の時に身につけられれば、大学を出た後の生活でも自分の人生を切り拓くことができると思っています。

とにかく駆け抜けた「1年目」

振り返ってみると、僕が教えた最初の生徒たちはすごい勢いで駆け抜けていきました。

2年目、3年目の生徒たちは1年目の生徒たちを知っているのでペース配分もある程度はわかっています。でも、1年目の生徒たちは自分たちがどんな状況に置かれているのかわかってない。どんなタイムで走っているかもわかってない。とにかく僕を信じて駆け抜けるしかなかったのかなと思います。よくついてきてくれたと感謝していますし、ストイックな環境で頑張ってくれました。

ストイックな環境ではあったのですが、生徒同士はみんな仲が良かったです。

教職員からは「スタディルーム組」と呼ばれていて、クラスの違う生徒同士が大学進学という一つの目標に向かっていく仲間でした。

当時の教頭先生が「これはもう、部活動だね」と言っていたのが象徴的で、放課後もずっとスタディルームでみんな揃って勉強を続けていました。授業以外の勉強習慣がなかった彼女たちが放課後に、しかも学校に居続けられるギリギリの時間まで勉強に没頭している。

いま振り返ると、みんな大きな不安を共有していたと思いますが、ここまでの変わりぶりに学校全体が驚きに包まれていました。

受験勉強をしている生徒からはいろんな相談を受けました。特に不安から来る生徒の相談は多かったです。

途中で「やはり大学ではなく、専門学校に進もうと思います」と言う生徒もいました。僕が「そっか。で、なんで専門学校の方がいいと思ったの?」と聞くと、「私は今までスポーツをやってきたから身体に関わる仕事の方が楽しめるなって思って」と言うのです。しばらくは話を聞くことに徹した後に、「この前まで言っていた夢は変わったの？」と聞くと、涙を流しながら「私やっぱり勉強は苦手だから周りの子たちにどんどん置いていかれるのが怖くて」と本当の理由を教えてくれました。

そこで、「受験で大事なのは周りの子たちと比べないこと。過去の自分と比べてみよう」と伝え、彼女と一緒にこれまでやってきたこと、前まではできなかったことを振り返りました。

くわえて、「今あなたが受かるかどうかを考えたところで答えは出てこないよ。でもこれまで受験勉強をサポートしてきた僕から見ると十分合格する可能性はある。そこは信じてほしいな。そして専門学校の試験は大学の推薦入試が終わった後でも受けることができるから、心が惹かれている大学進学にチャレンジしてみない？」と語りかけました。

こうした「諦めグセ」は、早いうちになくさないとずっとクセとして残り続けると思っています。大学受験だけでなく、人生を生きる上でも大きな足かせになってしまうと思っています。「やってみなくちゃわからない」という経験を積んでほしいのです。

生徒には定期的な声かけが必要です。

受験までに涙する子たちが半分以上います。前任校では先輩たちの実績が支えになる部分があったのだろうけれど女子商の子たちにはそれがない。

「自分たちの進んでいる道に明かりはあるのだろうか」

同じ大学受験でも彼女たちの受験はそういったチャレンジだということを改めて実感しました。

大学進学者数にはこだわらない

女子商への取材や学校視察で多いのは国公立大学への進学についてですが、よく記者さんや他校の方に「今後は何人くらいを目指していくんですか?」と聞かれるのですが、僕としては、進学の数字にあまりこだわりはありません。

ただ、目指したいという生徒たちが合格できる指導体制は、常に用意しておきたいと思っています。

これまでは女子商に大学進学を期待して入学してくる生徒はいませんでしたが、僕が校長になった年からは特進コースも2クラスに増え、1年生のときから「国公立大学を目指しています」という生徒も増えました。

その生徒たちが3年生になるころには40~50人は国公立大学に進むことになるかと思います。しかし、進学のために女子商に来るというよりもさまざまなチャレンジを行うために女子商に来たと言ってもらえる方が嬉しいです。

ただ、僕が校長になってさまざまな思いきった変化を起こせたのは「進路に関しては僕が責任を持ちますので」と言えるスキルがあったことが大きかったと思います。

学校現場で変化を起こそうとするときに気にされることは「そうすることで進路に悪影響が出たらどうするんですか」という懸念だと思います。その払拭のためにも女子商ではより多くの先生方を巻き込んで進学指導を行っていこうと思っています。


また、あくまで大学進学はひとつの選択肢です。個人的には「女子商で学んだ生徒であれば進学よりも早くうちの企業に来てもらって活躍してほしい」と言ってもらえるような高校になりたいなとも思っています。

起業家としてチャレンジする生徒が出てきても面白いと思っていますし、どんな選択肢でも、最終的に進路を決めた生徒自身が納得し、10年後に自分なりの自由を手にしてくれていればそれでいいと思っています。

第5章

なぜ僕は30歳で校長になったのか

理事長が校長を兼任。理事長に直談判へ

講師として赴任した1年目は、最終的に延べ20名の生徒が国公立大学に合格しました。僕にプレッシャーを与えないためか、「1年目だから今年は1名でも合格者が出れば十分」と繰り返し言っていた校長先生のもとに、「長崎大学から12名の合格をもらいましたよ」と報告に行った際は目をまん丸くして両手でバンザイをしながら喜んでいた姿が印象的です。

このような実績が福岡のメディアでも話題になり、「まさか女子商がこんなに大きく新聞に載るなんて」と学校でもちょっとした騒ぎになりました。

1年目の3学期も終わりに差しかかる頃、僕は校長先生を通じて、女子商を運

営している学校法人の理事長に面談を申し込みました。

実はこのタイミングで「来年度からは理事長が校長を兼任する」という通達がありました。

当時の校長先生はすでに定年を過ぎていました。ただ、公立から私立に変わるタイミングで校長を引き受けたので、減り続けていた入学者が増えるまでは校長を務めたいという思いを尊重しての契約延長になっていたらしいのです。

そのため、「選ばれる学校になるためにまずは大学進学ができる体制を作りたい」と僕との縁が生まれました。すると、学校法人側から「校長は、本年度をもって勇退をお願いします」という通達が来たのです。

僕は、この校長先生ともっと面白い学校作りをしてきたいと思っていました。

千葉県にある学校も運営されている理事長は多忙なこともあって、女子商にはあまり来られません。その理事長が校長を兼任するとなれば、校長が学校にほとんどいない状態になります。

その状態で女子商はどうなってしまうのか、そもそも理事長は女子商をどんな学校にしていこうとしているのか、女子商の未来にワクワクしていた僕は、自分が納得して勤め続けられるかを確認するために、理事長の率直な考えを聞くために、面談を申し込みました。

僕は進学指導を行いたくて女子商に来たわけではなく、子どもも大人もワクワクしながら生活することのできる学校で働くために福岡へ来ました。その中でまずは生徒の進路に関する選択肢を広げることが急務だと思い進学指導に力を注いだだけであり、まだまだ形にしたいアイデアはありました。そんな学校作りに共感してもらえれば校長先生の続投に繫がるかもしれないとの想いでした。

僕はこの時点で、理事長ときちんと話をしたことがありませんでした。理事長にいろいろと話をうかがい、目指す方向が異なれば、働き続けても迷惑をかけるだけですし、学校を離れると言う選択となっても仕方がないと言う思いで面談に臨みました。

以前、教育関係の講演の際に聞いた「もし若い先生方の中で高い志をもっている先生がいるのであれば『誰の船に乗るか』を決断することはとても大事だよ」という話も僕の心には残っていました。

理事長との面談は、女子商の校長室で2人きりで行いました。「今年度からお世話になっています、柴山です」と、ほぼ初対面の理事長に挨拶をしたあと、簡単に1年間の感想などをお話しさせていただきました。

一通り雑談を終えたのちに「校長先生に校長職を続けてもらうことはできないのですか?」と話したい内容をぶつけました。「僕がこの学校に来たのも校長先生の前向きな姿勢と言葉があったからであり、その応援があったおかげで思いきって小論文指導に取り組むことができました」そんな思いも話しました。

しかし、理事長は「定年を過ぎているため、ここで続投となると引き際がなくなる。将来的には女子商の教員の中から校長を務めたいという人が出てくることが理想だと思っているけど、僕が見る限りでは、今はまだそのタイミングではない。だから来年度は僕が校長を兼任する形にしました」と返ってきました。

理事長の話によれば、理事長は月に一度しか女子商に来ない。しかし、僭越ながら僕から見た女子商はとてもその布陣では機能しない。

正直その決断であれば明るい未来が見えません。今年女子商でお金や時間を度外視して働けたのは女子商の将来にワクワクできたからです。

女子商はとても可能性のある学校です。

「どんなイメージをされているのですか？」という問いに続けて僕が考える女子商の可能性について理事長に提案しました。

「もっと女子商を開かれた学校にして、外部の方々の協力を得て授業や講義を展開したり、商業高校だからこその、もっと生徒主体で発信できるような広報体制を作ったりしていきたい。さまざまな出会いや体験によって生徒たちは動き出します。商業高校には可能性があり、社会に多くの先生がいる。教員だけで教育をする時代ではないと思います。大人も学びたくなるような、チャレンジしている大人たちを身近に感じられるそんな学校にできると思います」と、現在の女子商で行っている学校改革の土台となるビジョンを、このとき初めて理事長に話しました。

その上で、「こうした改革をしていくには、校長先生に続投していただいて改革の旗頭になってもらいたいんです」と話しました。

国公立大学に20名が合格したとは言え、本当にやりたいことはまだまだこれからであり、理事長のゴーサインが出ればもっとやれると感じていたので、何とか理事長に共感してもらうことを目的に訴えました。

理事長が校長を兼任するのが悪いというのではなく、せっかく大学進学などを通じて「やればできる」という空気感が流れ出し、世間からも女子商が注目され始めたタイミングで一番やる気に満ち溢れていた校長がいなくなってしまうことに寂しさを感じましたし、次年度も一緒に働きたいという思いもありました。

しかし、理事長は「女子商を任せる次世代の教員の育成を見守るために校長を兼任していくので、今の校長には退いてもらう。その思いは叶えられない」と繰り返し、話は平行線に。気がつけば2人での話し合いは4時間になっていました。

理事長はその間に2度もフライト変更をして話に付き合ってくださいました。生意気な一教師の話をそこまで聞いてくださる寛大さを感じながらも引くわけにはいかないという思いが4時間という時間になったのです。

4時間の訴えの返答は「君が校長をやればいい」

僕が学校への精いっぱいの思いを伝え終わった頃、理事長が淡々と、こんな言葉を口にしました。

「そんな学校を本気で作りたいなら、君が校長をやればいいじゃないか」

その言葉が理事長から出た瞬間、僕は顔を上げて理事長に視線を合わせました。理事長は表情を変えることなく、僕を見つめています。わずか数秒ですが、想像もしていない言葉が飛んできて、一気に頭が真っ白になりました。

それでも何か言わないと沈黙した時間が流れてしまう。その気まずさから、僕は言葉を発しました。

「えっ、僕が校長ですか？」

その一言が放たれた瞬間は、単純な言葉にもかかわらず僕は何を言っているのか理解できませんでした。

理事長は言葉を続けます。

「だって、君は女子商を盛り上げたい気持ちがある。であれば校長になって進めればいい。校長であればかなりの裁量権が与えられる。今、君が校長になるという選択肢が生まれた。自分が校長になれるのに他の誰かがトップでなければできないのですか？　本気なら自分がトップになって学校を変えていく。できない理由はないと思いますが。実際、私は君と同じ30歳で専門学校の校長になった。今振り返ればそのくらいの年齢の方が適正な気もします。年齢を重ねればどうしても保守的になってしまう。他の学校にはいないけど若すぎるということはないと思う」と真剣な眼差しで僕に語りかけてきました。

真剣な眼差しの理事長を見て、「本気で僕に校長を打診している」と直感でわかりました。冗談ではないことが会話を重ねていて理解できました。

でも、僕には一般の教員経験しかありません、主任や部長などの経験すらもない。加えて三人兄弟の末っ子であり、長くスポーツをしていたけれどこれまでキャプテンなどの経験もない。そんな人物がいきなり校長になるなんて。

しかも、女子商ではまだ1年目の常勤講師。「専任契約の前に校長に？」頭が混乱してきました。

「少し時間をいただけませんか」

動揺する気持ちを抑えることができないまま、理事長との面談が終わりました。一気に攻守が逆転してしまったかのような感覚で、とてもあの場で答えを出すなんてできませんでした。

教育界の「9秒の壁」

「君が校長をやればいい」

この理事長の言葉が頭から離れませんでした。

どうするべきか。このまま校長を引き受けるべきなのか、断るべきなのか。一人で抱えきれなくなった僕はお世話になっている方々に相談することにしました。

最初に相談したのは、前任地の神戸の高校でお世話になった先生です。

「ご無沙汰しております。柴山です」

「おう、どないした？」

「あの、きっと信じられないと思うのですが、僕来年度から校長になるかもしれないのですが、やるべきだと思いますか。いや、やってもいいものなんですかね？」

と率直な意見を求めました。

すると、先生は「それ、ほんまに言ってんの？」と冗談か本気かわからない様子での返答が返ってきました。

そこでそのような話になった経緯を説明して改めて話をうかがうと、

「常識的に考えれば無理やろな。常識的に考えればな。でもな、やるしかないやろ。というより、お前が話していた学校の世界はそんな世界ちゃうんか。やったらええやないか。大丈夫、学校は良くも悪くも回っていくもんや。お前が校長になったからって一気に崩れるもんちゃう。思いきってやってみたらええやろ。学校は離れていてもいつでも力にはなるで」

とアドバイスをくれました。

「確かに」と思いつつも、「さすがにそれは……」の連続。

僕が知る限りでは若い校長といっても30代前半の校長はいなかったはず。30代のうちに校長として活躍されている方は民間などで活躍された華やかな方々。年齢以上の経験値がある。その先生方を差し置いて僕が30歳で校長……？

そもそも今までこれくらいの歳で校長の打診を受けた人はいたが断ったのか。それとも打診を受けた人が存在したことがないのか。であれば宝くじどころの確率ではないとして、なぜそれが僕に？

このような考えが僕の頭の中で巡りました。

そんな中でも自分を前に動かしてくれたのは「面白そうじゃん！」と爆笑しながら「柴山先生が校長になったら必死で支えるけん」と本気で言ってくれる近しい先生方の存在と、自分が生徒たちに言っていた言葉でした。

「やってみなくちゃわからない」

大学を卒業してから教師として生活してきて久しぶりに感じた挑戦する恐怖。今まで考えたこともなかった挑戦を決めた生徒たちも似たような怖さを感じていたのかもしれないな、ここで引いたら大事なものを失ってしまうかもしれない、とも思いました。

また、「9秒の壁」という話が頭をよぎりました。

9秒の壁とは、陸上界で長く、9秒台で走る日本人選手が現れなかったときに、日本人のポテンシャルでは9秒には辿り着けないと言われてきました。そんな中で一人の選手が9秒台で駆け抜けたという事実を知った途端、次々と9秒台で走る日本人選手が現れてきたという話です。

何者でもない僕が30歳という年齢で校長を務められたら教育界の年齢の壁が壊せるかもしれない、そう思ったのです。同時に「安全な道にいながら文句だけ言っている人間にはなりたくない」とも、思いました。

校長打診を受けてから2日後、僕は理事長に「僕でよければ校長を引き受けさせていただければと思います。どうぞよろしくお願いします」というメールを送りました。2021年3月4日のことです。

理事長からは「どんな学校になるか楽しみです」との返信が。そのタイミングと同時に理事長から校長就任にあたって県などに提出する書類が大量に添付されたメールが送られてきました。覚悟は決めたつもりだったけど、膝がガクガク震える。これでもう逃げられない。

OKの返事はしたけど、全く実感は湧きません。「まだ夢物語なんじゃないか、これから寝て翌朝になったら『あ、これは夢だったのか』と校長の話もどこかに消えてしまうんじゃないか」そんな気持ちでその日を終えました。

校長就任の報告……映画の主人公を俯瞰で見たような気分

翌日、学校に来て職員室に入ると、いつもと雰囲気が違いました。先生方がざわざわしていて、僕が来るなり一斉に振り向いて僕のほうを見ます。

何があったのだろうと思いつつ、「おはようございます」と挨拶をして自分の机に向かいました。「何かあったんですか？」とある先生に聞くと、「このメールを見て」と。「何だろう」と思って見せてもらったのは、理事長からの一斉送信メールでした。

「来年度から福岡女子商業の校長は僕ではなく柴山翔太先生にお任せすることになりましたので、ご報告いたします」

発表はまだ先かと思っており、突然のことだったので顔が引きつりました。

確かに校長を引き受けるメールは理事長にしたけど、まさか翌日に教職員が一斉に知るなんて思ってもいませんでした。

普通なら理事長が「全ての教職員についてご報告することがあります」と日程を決めて、理事長が女子商にやって来て、職員室で説明するはず。それがいきなり全職員への一斉メールで報告するなんて。事前に聞いていれば少しは心の準備もできたけど、と思いました。

これは大変な状況になったぞと考えていると、「柴山先生、いや柴山校長先生？これ本当なんですか？」と先生方から質問が飛んできます。なんと答えればよいか考えあぐね、「あ、はい」となんとも言えない答えをしまいました。

すると朝礼が始まり、校長が「理事長からの報告があったように、来年度からは校長を柴山先生にお願いすることになりました。よろしくお願いします」と連絡がありました。校長は理事長から聞いていたのか定かではありませんが、戸惑いの表情も見え隠れしています。

それはそうですよね。講師で入った赴任1年目の、しかも30歳の教師が来年度から校長になる。どう考えてもドッキリです。

でも、これで完全に外堀が埋まってしまいました。この日は、自分が主役の映画を客観的に見ているようでした。

校長の仕事は人それぞれ

翌日から、校長になるための準備が始まりました。学校の会計や組織の仕組みといった基本的なことから、校長が参加する「校長会」という会議の存在など今まで知らなかった校長の仕事やスケジュールの把握に努めます。

人事に関する決め事に関しても、管理職はどのような布陣でいくか。また担任や校務分掌と呼ばれる業務配置などの確認。

来年度の構想はある程度前校長が固めていたのですが、「柴山先生が校長になるんだから、改めて調整したらよい」と言われました。

自分が人事を決めるなんてことはあったとしても遠い先の話であり、よく教職員の中では来年度の人事について予想大会など行われますが、それとは全く重みが異なります。

予算書を確認し、一つひとつの項目を確認する。人生で見たことのない桁の数字を配分する。補助金の仕組みや給与システム。「入学式の来賓はいかがしましょう？」など聞かれても、自分自身もどのような仕組みなのか理解していないため、宿題を抱える毎日が続きました。

学校に訪れる学校関係者の反応もよく覚えています。

前校長が引き継ぎとして「来年度から校長になる柴山先生です」と紹介し、僕が「よろしくお願いします」と挨拶する。相手は驚きを隠せるはずもなく、どんな反応をしていいかわからない感じで「お若い方が校長になられるんですね。僕たちの時代とは違いますね。こちらこそ、よろしくお願いします」と挨拶を返してくださいます。

ほとんどの人がきっと、頭に「?」マークが浮かんでいたと思います。完全にギャグですよね（笑）。

まだまだ校長としても手探りの部分はありますけど、校長になる前はそもそも「校長の仕事って何だろう」と思っていました。

人員の配置や会計に関しては校長が責任を担うのはわかっていましたが、1週間をどんなルーティンで過ごしているのか、あまり深く考えたことがありませんでした。

教員のときは生徒に授業をしたり、顧問として部活を見たりと多くの業務がありますが、校長は授業を教えるわけでもないし、部活を見るわけでもない。テレビドラマを見る限り校長の仕事といえばお花に水をあげること（笑）。

校長になる前に一番お会いしたかった尊敬する校長経験者の方に勇気を出して校長になるという報告と共にお時間をいただけませんかと連絡を入れました。すると「おぉー！　すごいね！　もちろん時間とるよ」と本当にありがたい返信が。自分もいつかそんな存在になりたいと強く思いました。

その方にお会いし、「校長をやる上で最も重要なことはなんですか？」との問いに、「覚悟。すべて自分の責任として受け止める覚悟を持つこと。それさえあれば大丈夫」と言われました。

その後は具体的な話となり、教員採用、会計の見方、短期的に意識することと長期的に重要になる点などを伺いました、最後に「早めに『数字が読めるようになる』ことは意識しておくと良いよ」というアドバイスもいただきました。

校長になってからは全国で活躍する校長先生方との交流も増え、「校長の仕事とは？」と尋ねるとさまざまな答えが返ってきました。

外部との連携を図るために頻繁に学校外を飛び回っている校長もいれば、あえて暇そうであることを心がけ、教員が気がねなくコミュニケーションを図れることを重視する校長もいます。

話を聞いていくうちに、校長に定型的な業務は少なく、人それぞれということがわかってきました。以前学んだ「成功はアート、失敗はサイエンス（失敗は回避することができるけれど成功の仕方は芸術のようなもので再現することはできない）」という言葉を思い出しました。

一方で、人事権と決裁権は思った以上に権限があるので、専門書にあたり必死に学ぶ毎日となりました。基本、重要な意思決定は理事会の決裁を受ける必要はあるものの、校長として提案はできるので、自由度は高い。時間割やカリキュラムを変える、制服変更や設備の改築、校則を変えるなども自分たち次第です。

終了式での校長就任発表

校長就任を生徒や保護者に伝える機会もかなり緊張の場面が続きました。「受け入れてもらえるのかな」という思いでした。

考えすぎかもしれませんが、校長になることが決まってからの1ヶ月は学校を見る目が大きく変化しました。

校門の前で生徒たちが帰る様子を見て「僕が校長になると知っても学校に通い続けてくれるのだろうか」といった不安や、保護者の方にも「そんなつもりで入学させていない」との批判があってもその通りだよなと思いました。

経営的にも公立時代には1学年240人の生徒が集まっており、720人の全校生徒数でしたが、校長を引き継いだ年は全校生徒が315人。定員充足率が5割をきっていました。私学として経営的にもかなり厳しい数字であり、次年度の入学者数は職員の生活に直結するし、これ以上の待遇悪化は職員不足にも繋がってしまいかねません。

基本は新たなチャレンジに対してワクワクする妄想をしながら望む性格だったのですが、今回のチャレンジに関してはこれまでとは全く異なる不安ばかりが募る毎日でした。

1・2年生を集めた終了式の場で、僕が校長になることを発表することになりました。まずは離任式。前校長が退任することも生徒たちは初めて知ります。勢いのある校長先生だったので年齢を感じさせず、校長が変わることは生徒たちも全く予期していない様子でした。驚きを隠せない様子のまま校長先生の挨拶が終わり、そこで次の校長の発表に移ります。

「来年度からの校長は柴山先生が務めます」

生徒たちは一瞬言葉を失った様子でしたが、その後に一斉にこちらに視線が集まりました。「えっ、柴山先生が校長？」生徒たちは信じられない様子でした。

挨拶は始業式でということになっていたので一礼をしてそのまま式を終えました。式終了後に2年生たちが駆け寄ってきて「柴山先生！　いや、校長先生？　来年度の私たちの進学指導はどうなるんですか!?」と言ったのです。

僕は一瞬「ん、そこ？」と思いましたが、**改めて考えると彼女たちにとっては誰が校長になるかよりも、先輩たちの姿を見て燃えている私たちのチャレンジがどうなるかの方が重要だったようでした。**

「もちろん、進学指導は続けるよ。あと、柴山先生のままでいいよ（笑）」と伝えました。「よかったー！」と言って満足そうに帰る彼女たちの姿を見て、まずは自分にできることから役に立とうと思いました。

周りの先生方にも話をしてこれまでは校長と教頭の2名体制だったところを校長、総括教頭、教頭の３名体制に変更して来年度に臨むことになりました。

そこで新たに教頭を務めてもらいたい先生に打診したところ冗談だと思ったのか最初は全力で断られましたが、「自分よりもずっと若い先生が校長にチャレンジするんだから私も挑戦します。どこまでお役に立てるかわかりませんが全力でお支えします」と涙が出るほど嬉しい言葉をもらいました。

僕の校長就任も急でしたが、新たな教頭先生の就任はもっと急でした。ここで校長は30歳の僕、総括教頭は女子商歴30年、僕の生まれた平成2年から女子商で勤務している大ベテラン、そしてもう１人の教頭は管理職は初めてですが、経験豊かな先輩教員、この３名体制で新年度を迎えることが決まりました。

圧倒的不安だった就任までの１ヶ月

校長になるまでの１ヶ月はあっと言う間に過ぎていきました。その間はワクワクよりも、圧倒的に不安な気持ちのほうが大きかったです。

それまでは「校長になったつもりで働け」という気持ちでやってきましたけど、いざ校長になると決まってからは学校や生徒の見え方が全く変わりました。

公に発表するまでは女子商の教職員しか知らない状況だったので、僕が校長になってから「生徒たちは学校に来てくれるのだろうか。年齢も経験年数も下から数えた方が早い僕に先生方はついて来てくれるのだろうか。もしうまくいかなくて解任されたとしたら、校長経験がある若者を教員として雇いたい学校なんて少ないだろうな」などとずっと考えていました。

たとえるなら地図がない状態でアフリカの砂漠に放り出されたような感覚でした。

受験勉強で不安な気持ちを抱える生徒を励ますときも改めて「挑戦って勇気がいるよね」とより共感できるようになった気がしています。未知数のまま僕の挑戦が始まりました。

第6章

全日制最年少校長の「女子商」改革

30歳で迎えた「人生初」の入学式

2021年4月1日、僕は女子商の校長に着任しました。1ヶ月前には想像もつかなかったポジションです。

理事長に「きみが校長をやればいい」と言われてから、まさに怒涛の1ヶ月でした。気持ちの整理がつかないまま、どんどん物事が進んでいった感じで、「本当に務められるのだろうか？」と頭をよぎる毎日でした。

校長として生徒に向き合う最初の機会は、新2年生と3年生に向けた始業式の挨拶でした。

始業式で何を語ろうか。今の率直な思いをそのまま語ろう。そう思い、生徒たちにこんなことを言いました。

「みんなは今の僕の状況を見てピンチだと思う？　チャンスだと思う？　これって今考えて答えが出るものかな？　僕もよく考えたけど答えは出ません。誰に聞いたってわからないし、これはいま誰かが決めることじゃない。きっと僕らがどう過ごすかによって変わってくるものだと思う。

僕は福岡女子商業という高校を日本一の商業高校にしたい。5年以内に日本で一番チャレンジングな学校にするんだ。みんなにだけ挑戦しろ、だなんて言わない。僕が一番チャレンジしなければならない環境だと思っている。かっこいい姿よりもダサい姿を見せることの方が多くなるかもしれない。一緒にワクワクする学校を作っていこう」

よく「日本一の商業高校って何ですか？」と聞かれることがあります。僕が考える日本一はとても抽象的なものであり、たとえるなら、高校野球であれば、歴代で一番強かったチームという話になったときに、「松坂選手がいたときの横浜高校だ」という方もいれば、「清原選手と桑田投手がいたときのＰＬ高校に敵うはずがない」、はたまた「田中投手がいた駒大苫小牧高校だ」などいくつかの高校が頭に浮かぶと思います。

進学実績などのわかりやすい指標だけではせっかくの高校生活がつまらなくなってしまう。面白い学校として全国で名前が挙がる学校にしたい。

そう思ったきっかけは一年目のときに在校生が「女子商生だって外で言うのが恥ずかしい」と言う話に「わかる、わかる。頭悪いって思われそうだよね」と言う会話をしていたことがとても記憶に残っており、在校生も、卒業生も、僕たち教職員など女子商に関わるステークホルダーの方々が誇れる学校でありたいという強い気持ちでした。

ただ大事にしたいことが「日本一の学校になるためには」を常に意識する姿勢を持って働く先生方であってほしいと思っていますし、教員、生徒たちがワクワクしながら学校生活を過ごせる学校でありたいという願いがあります。

翌日の入学式の様子は女子商のYouTubeチャンネルにその様子が記録されているので、ご興味のある方はぜひ覗いてもらえたらと思います。人生で最も緊張した時間でした。

～入学式の式辞～

こんな自分になりたい。今の自分を変えたい。今できない事をできるようになりたい。本当の友だちが欲しい。高校に来た理由はさまざまですし、そこに優劣はないと思います。理由の中身は変化していくこともあるし、歴史を振り返っても計画通りの人生を歩んだ人なんていないよね。

だけどみんなには、常に自分の頭で考えて常識を疑って、失敗覚悟で自分が信じたことに挑戦して、うまくいかなくて、悔しくて、くじけそうになって、情けなくなって、でも、慰めてくれる誰かに助けられて、もう一度顔を上げて挑戦した結果の成功を経験してほしい。そんな経験が、次のチャレンジに向けた勇気になります。

僕たち教職員の仕事は、みんながワクワクしながら学校へ来たいという環境を作り出すこと。どんなチャレンジをするかは、自分で選択したらいい。ただし、成功しそうなものだけを選んでいるのは、もったいないかなと思います。

女子商が掲げる教育は「起業家教育」です。起業家といっても、会社をつくる人を育てるということだけではなく、「自分で人生を切り拓く」という意味であり、すなわち生き方です。

今後の社会はＶＵＣＡの時代と言われるように、予測不可能な時代だと大人たちは不安そうに君たちに伝えてきたかもしれない。でも、考えてみて。予測できる社会って、本当に幸せかな。

挑戦、失敗、挑戦、失敗、たまーに成功。その先にある一瞬の充実感。それを一度感じたら、きっと自然とまた走り出す。

それを繰り返すうちに、どんな環境でも課題を見つけ、それを乗り越える力が身についているはず。そんな力を身につけるためには、失敗を恐れないこと、変化を恐れないこと、一緒になって挑戦してくれる素敵な仲間を大切にすることが重要だと思います。

変化って怖いよね。今もみんなは新しい環境に向かってチャレンジしてくれている。

どんな同級生がいるのか、友だちはできるのか、舐められたくない、怖い、恥ずかしい、中学校に戻りたい。僕の経験から考えると、新しい環境にチャレンジするときは、みんなそんな気持ちを抱くことがあるんじゃないかなと思います。

でも、そんな最初の不安を乗り越えた先で信頼できる仲間に出会えたり、新たな居場所が生まれたりすることがあるよね。「登る山を決めたら、もう半分登ったも同じだ」という言葉があります。女子商には先生方だけではなく、ワクワクしながら自分の人生を切り拓いている大人と出会う機会がたくさんあります。

ぜひ、自分の人生をどんなものにしたいのか、高校生活のうちにさまざまな人と出会い、なれそうなものの中から夢を探すのではなく、なりたい自分を目指しましょう。素敵な3年間にしようね。

〜ここまで〜

核として伝えたかったメッセージは「挑戦」です。「何のために学校に行くのか」を改めて考え、高校生活を謳歌してほしいというメッセージです。

式辞の原稿は1週間ほどかけて作り込みました。作っても納得がいかず作り直して、最終的には前日に丸ごと変更をかけ、納得のいく言葉ができたのが当日の午前2時でした。

10分にも満たない式辞でしたが、人生の中で最も緊張した時間となりました。入学許可に関しても今まではあまり意識したことがなかったのですが、大きな責任を感じました。

「先生の晴れ舞台だから」と予定のなかった動画撮影をしてくれた先生がいて、それがYouTubeに上がることになり、その動画を見て女子商に来てくれた先生や外部の方々もいて、反響は大きかったのはありがたかったですね。

校長就任で最初に力を入れたのは広報活動

校長に就任して最初に力を入れたのは学校の広報活動でした。とにかく女子商のことを知ってもらい、選ばれる学校にならないといけないと思いました。

私立の学校は、校長になると経営面も見ないといけないのですが、お金や経営の知識を入れながら大急ぎで勉強していきました。しかし、定員充足率が半分を切っている女子商に資金的余裕はないという現実を知りました。

私立高校の場合、収入のメインは入学金と受験料、授業料になります。それにプラスして国からの補助金もありますが、どれだけ選ばれる学校になるかが鍵です。

アメリカの学校や日本で歴史のある高校や大学であればＯＢやＯＧによる寄付金も収入源になりますが、女子商はもともと公立から私立に鞍替えしている歴史があるので、寄付という意識はほとんど根付いていませんでした。

だから女子商をもっと知ってもらうには、なるべくお金をかけずに認知度を高める広報活動の強化が必須でした。

今でこそ福岡県内でも全国的にも、少しずつ認知度は上がっていますが、僕が赴任した当初の女子商は地元の那珂川市の人は知ってくれていますが、なかには町立から私立に移管したタイミングで無くなったと思っていたと言われることもありました。

福岡県には福岡女子高校という海沿いにある高校があって、僕が「福岡女子商業の柴山です」と挨拶しても、「あぁ、海沿いにある学校ですよね」と間違われることもありました。

校長就任後に全国紙から取材を受け、「30歳校長」という話題を聞きつけた東京のバラエティ番組から取材依頼が来たことがありました。

しかし、あまり自分に注目が集まることは苦手だったことと、まだ校長になっただけで何をしたわけでもないという気持ちからあまり前向きになれずに断っていました。

でも、校長になって「挑戦する姿を見せる」と生徒に宣言しているし、こうして注目してくれているのに知ってもらうチャンスをフイにするのは良くないなと思い、取材依頼が来たらちゃんと対応しようと考えを改めました。

そんなとき、福岡で放送されているテレビ番組『福岡くん。』（ＦＢＳ福岡放送）からオファーをいただきました。日曜日のお昼に放送されている人気バラエティ番組で、福岡のことを大切にしながら丁寧に作られている番組です。

引き受けてみようと思いつつもウジウジ悩んでいたところに、教頭先生から「絶対に出るべきです！」と背中を押され、取材を受けることになりました。

放送後の反響は予想をはるかに超えるものでした。福岡県民はみんなこの番組を見ているのではないかと思うほど「テレビ見ましたよ」と声をかけていただきました。

学校の近くのコンビニなどで完全に油断している際にも「校長先生ですよね！」と声をかけられることもありました。テレビの影響は大きいんだなと思いました。

露出が増えてから、「女子商と一緒に何かやりたい」というお誘いが増えました。

もともと、学校に面白い大人をたくさん呼んで生徒たちに交流してもらうことで生徒たちに新しい刺激を与えられればいいと思っていたので、渡りに船でしたね。那珂川市で有名な女性起業家さんが学校に来てくれて「那珂川の女の子たちから起業家を育てたい」という話や、中高生に人気のアパレルブランド「ＳＰＩＮＮＳ」の社員さんが顧問になり、商品開発や販売活動を通じてマーケティングや「働くって楽しい！」を学ぶ「ＳＰＩＮＮＳ部」も立ち上がりました。

生徒主体の広報活動「キカクブ」も発足

商業高校なので、教職員だけで広報活動を行うのはもったいないと思い、広報活動に生徒たちを巻き込む「キカクブ」という有志の活動も始まりました。TikTokやインスタグラムの投稿内容を生徒が企画し、撮影や編集も生徒に任せます。最終的なコンプライアンスチェックだけは顧問の先生が担います。

他校で学校公式アカウントとしてTikTokに登録している高校があることは知っていたので、「デジタルマーケティングを学ぶ商業高校の生徒にとって実践の場になる」し、うちの課題はまず存在を知ってもらう「認知を得る」ことです。「うちも始めようと思うんですがどうですかね？」と顧問としてイメージしていた先生に尋ねると「やったことないですけど面白そうですね」という話になったので、他の先生にも話を進めると「TikTokを学校公式としてですか？」と戸惑われていました。「そりゃあそうだよなー」と思いながら「絶対にバズるはず」という思いが抑えられずに「問題が起きたら僕の責任ということで」と半ば強引に進めることになりました。

始めることは決まったのですが、僕自身もTikTokはやったことがない。そこで関西時代に知り合い、美容業界で経営コンサルタントとして仕事をしていながら特別非常勤としてビジネスビューティーコースの授業をお願いしている方に相談し、顧問として入ってもらうことにしました。

生徒たちも7人程度集まり無事スタートしたものの、初めは完全な手探り状態。しかし、コンサルタントの指導のもとかなり専門的な他校分析が始まり、生徒たちのさまざまなアイデアの中から投稿するネタや撮影手法を考え、投稿が始まりました。

キカクブの生徒たちが掲げた目標が連続100日投稿。もちろん、僕をはじめとした教員も撮影に全面的に協力しました。「こんなダンスをお願いします」「こんなポーズでお願いします」と生徒たちにお願いされ、撮影に応じました。

連続投稿とはならなかったものの、100本の投稿になった頃には1万フォロワーに達し、2022年度からは正式に部活動として承認し、少額ですが予算もつけています。現在（2023年4月）は3万人を超えるフォロワーを獲得しています。

福岡だけでなく、全国ネットのテレビ番組でもキカクブを取り上げてもらいましたし、「女子商のTikTokを参考にしてTikTokを始めました」と連絡をくださる学校もあります。

これまでは知られていなかった女子商の存在も今では各種イベントの際に中学生に対して「女子商のこと知ってる？」と聞くと、ほとんどの子たちが「知ってます！」「TikTokフォローしてます！」と応えてくれます。2023年度の入学生の中には「私はキカクブで動画を作りたくて、女子商に入りたいと思いました」と入試面接で語ってくれた生徒もいました。高校生の力はすごいなと感心しています。

キカクブの立ち上げ時から関わっている生徒を見ると、1年近くで彼女たちの顔つきがとても大人になったなと感じます。

投稿のネタを考え、どんなネタがリーチをするのか、インプレッションから分析をしてトライアンドエラーを繰り返してアカウントを育てていく。これはまさに企業のSNS運用の仕事そのものです。

彼女たちは大人でもやっていくのが大変なSNS運用を、さまざまな壁を乗り越えながら運用している。物事を始めるのに年齢は関係ないと、彼女たちを見ると実感します。

今では学校に来るメディア取材の中で最も多くの取材に対応しているのは彼女たちです。

生徒のためにそれまでの当たり前も疑う　〜朝課外の廃止

僕が校長になって、それまで当たり前に行われていた学校の習慣を見直す取り組みも実施しました。まず行ったのが「朝課外」の廃止でした。

朝課外とは福岡や九州地方の高校を中心に広く行われている取り組みで、1時間目の前に「0時間目」という午前7時40分頃から始まる非正規の授業です。

参加しなくても罰則などはありませんが、事実上の強制として女子商でも行われていて、朝課外を欠席すると、学校側から「娘さんが来ていませんよ」と電話がいくほどでした。

遠方から来ている生徒に聞くと、「朝課外のために午前6時前に起きています。お母さんはお弁当を作るので5時前に起きています」と答えが返ってきました。僕が生まれた北海道や赴任していた高校には存在しなかったので、朝課外の文化を初めて知ったときは驚きました。

僕が女子商に赴任する前は進学講座も朝課外でやっていたそうで、僕の小論文指導も最初は「朝課外でやってほしい」と提案されました。でも、「僕は朝起きるのが得意ではないので、放課後にやらせてください」とお願いしました。

ほかの先生方からは「放課後では生徒が帰っちゃいますよ」と言われたのですが、「まずは生徒が帰ってしまうかどうか試させてください」とお願いして僕の小論文講座だけ放課後に行いました。

初めはスタディルームの子たちだけが残って学習するようになったのですが自然とそれが広がり、今では放課後に残って活動をする生徒たちもかなり多くいます。

前年度にそのような変化があったため、朝課外廃止に着手しました。

職員室で同僚として仕事をしていたときには朝課外が負担だという声をよく聞いていたので、先生方も喜んでくれるのではないかと安易に考えていたのですが、結果はその逆でした。

先生方からは「生徒たちができるのはわかりましたが、保護者から何と言われるかわからない。朝課外をきちんとやっているから学校への信用が担保されているんです」という意見もありました。

僕は「今の時代、教育分野や教員でも働き方改革を進めるべきという流れになっています。本当に素敵な教育って、教員や生徒の睡眠時間を削ってまでやるものなのでしょうか。朝課外を受けている生徒たちの顔をきちんと見たことがありますか？　もし、朝課外をやめて進学実績が落ちてしまったら確かに保護者から問題の声が上がるかもしれない。でも、朝課外をやめて進学実績が上がれば保護者の信頼度もきっと上がるのでは？　そもそも九州以外では朝課外は存在しませんのでこれは未知のチャレンジではありません。進路に関しては僕が責任を持つので、廃止の方向で動きましょう」と先生方を説得して、朝課外を廃止しました。朝課外を廃止した後、生徒は「早く来なくていいんだ」と喜びの声が出て、保護者からも「朝早くて大変だったので、助かります」という声をいただきました。家族の時間が増えたという声もありました。

これに続いて、夏休みの課外授業も廃止しました。僕が赴任したときは休みが始まって1週間と、休みが終わる前の1週間が課外授業に充てられていました。福岡県内では多くの高校が夏休みの課外授業を行っています。

「夏休みが2週間も削られたら夏休みじゃないじゃん」と思った僕は夏休みの課外についても協議を進めました。

現場の先生からは「保護者の信頼がなくなる」という声が出たので、「朝課外のときもそのような話でしたが、喜んでくれる保護者や生徒の方が多かったですよ」と返すと、「夏休み中に髪を染めたりピアスをあけたりする生徒がいるかもしれない。だから課外授業で定期的に生徒の様子を見ないと大変なことになる」という意見が出ました。

僕は「その問題を解決するために課外授業をするのなら、それは生徒を勉強嫌いにさせることに繋がりますよ。問題の解決と課外授業は分けるべきだ」と先生方を説得しましたが、根強い反対があったので折衷案を取り、せめて3日間だけにしてくださいと指示し、次年度からは廃止の方向で検討することにしました。

働き方改革を進める中では、学校の役割と家庭の役割、地域の役割を捉え直す必要があると思っています。

頭髪や夏休み中の生活など子どもに関わる全てのことが学校の役割となり得る状況を整理しなければならないという課題も見えてきました。

細かい学校の変化をもう少し挙げると、学校内を土足で歩けるようにしました。学校に来てくださるお客さんが、靴からスリッパに履き替えてもらうのが申し訳ないですし、スリッパの準備などの業務負担は削れると思っていたため、実験的に1ヶ月間やってみて好評だったので廃止にしました。

先生方からは「校内が汚くなる」という意見も出ましたが、こちらも特段問題はありませんでした。

また、「生徒指導部」という名称を「生徒支援部」に変更しました。これからの教育で必要なのは指導ではなく支援です。言葉の力が意識変化のきっかけになると思っています。

今の学校現場は新たな取り組みが求められることが多いです。

僕らのときとは違い、小学生から英語やＩＣＴ、特別活動の充実や登校指導など地域に立って交通整理をしている学校もあります。何かを始めるにはその都度整理をしてやめることを決めることがスタートだと思います。

自律を促すためのシステム変更

コロナ禍中での校長就任は本当に決断の連続でハードなものでしたが、それまでの当たり前が通用しなくなったことにより、学校としての成長も促進されたと思っています。

その一つが時間割の変更。

この変更に至る発想を得たのは感染防止のための時差登校の光景です。全国の学校と同様に、女子商でも密を防ぐ目的で通勤・通学時間の混雑を避けるために通常の時間帯と異なる時間に登校時間を設定したことがありました。

登校時間を9時半に設定し、校内を散歩していると、少し早めに登校し先生方と話をしたり、授業のことを質問したりしている生徒たちの様子や、外を見れば部活動の朝練をしている生徒、そしていつもとは違うゆとりのある表情で登校してくる生徒たちの様子に触れる機会がありました。

職員室も以前は8時半から職員朝礼を行い、その10分後にはクラスのHRへ向かわなければならず、バタバタしたまま一日が始まっていたのですが、時差登校の期間はとてもゆとりをもった状態でクラスへ上がっていく先生方の姿が印象的でした。

また、授業とは別の任意参加の各種プロジェクト活動なども活発になっており、放課後は参加できないという生徒たちも多くおり、その問題をどう解消するかが課題として残っていた時期でもありました。授業時間に関しても生徒たちから45分授業はちょうど良いという話も出ていました。

僕は前から学校はスケジュールに余裕がなさすぎると思っており、これは時差登校のように時間割を変更することで、自分で何をするかを考えて行動する生徒を増やすことができるのではないかと考えました。生徒たちにも改めてヒアリングしたところ、朝食の時間に家族と話をする時間が増えたという話や、通学に使用している交通機関の選択肢が増えたという話が出てきました。

また、先生方からも朝の時間に何気ない話や、進路に関わる面談、授業の質問などに応える時間や検定対策のために自主的に集まる生徒たちに教えてあげたいなど今まで必要だと思っていたが、やれていなかったことなどに使えそうだという話が出てきました。

しかし、帰る時間は後ろ倒しにしたくなかったため、45分授業で年間回すことも可能かを協議し、教務部に依頼し、授業時間が5分短くなる分の授業確保や生徒たちの学習効果の検証を年度末に実施することにし、9時20分までに登校するという時間割に変更しました。

なかでも、8時40分から9時20分までの時間をCT（チャレンジタイム）と名付け、自分で考えて行動を起こす時間として設定しました。

これは自律を願うならば言葉だけではなく、システム自体の変更が必要だと判断して設定したものです。言葉だけで伝えていても学校には余裕がないということから自立のための時間を設定したものです。「登校してもしなくても良い」「強制参加は無しで」というルールのもと、教員も興味のある分野の学びを生徒たちと行うことができる。プロジェクトのミーティングを朝から行うチームも増えました。

ありがたかったのは保護者の方からも「知り合いの面白い大人をCTの時間に呼んで講演や交流の時間を作っても良いでしょうか」という話をいただき、CTスピーカーズという不定期のイベントを開催してくれています。ゆとりある時間設定になったことで、授業以外に自由に企画運営できる時間ができ、友人や先生方との会話量も増えたと思っています。

2022年度の入学説明会に来てくれた親子の中に、「どうしても福岡女子商業高校に通いたいと思っているんですけど家が遠くて」という相談があった際に、今年から変更した時間割について紹介すると親子で何度も何度もハイタッチをしながら喜んでくれました。

ＩＣＴ環境についても急ピッチで教務部長が整えてくれたため、教員にとっては大幅な日常業務の削減、生徒たちにとっては学ぶ機会を増加させることができたと思っています。

ＣＴや45分授業の説明を保護者会などでさせていただいた際にも「50分の授業をしっかり受けていれば幸せになれる社会ではないと思っています。僕たち教員は授業の中で知的好奇心を高めたり、わかることを増やすだけではなく、できることを増やしたりして生徒たちにとっての可処分時間を有効活用してもらう工夫をします」と説明しました。

まだまだ全校生徒にとって熱量の高い時間にはできていませんが、中間層が動いてくれれば空気が変わると思っているので今後も心が動く時間を作り出していきたいと思っています。

学校は生徒を縛る場所ではない

学校生活における頭髪や服装、風紀を決めるのは一般的には「校則」とされています。九州全般の学校が校則は厳しい傾向にありますが、女子商も商業高校だからという流れもあり、校則がとても厳しい学校でした。

例えば、袖を捲ってはいけない、スカート丈は何センチまで、眉毛を少しもいじってはいけない。髪が肩より長ければ必ず結ぶこと。お菓子を持ち込んではいけない。靴やコートなどは黒か紺。など他にも事細かく定められており、女子商に来た頃は毎日先生方と生徒の追っかけっこに多くの時間を割かれていました。

校則についての責任は校長にあります。

校長になってからの不安の一つが、今ある校則についての意味を問われても説明できないものが多いことでした。髪を一本結びにしなければならない理由など僕の中にはありません。高校生らしくとは何かを問われても人それぞれの価値観によって答えは異なります。

「その格好はオシャレに当たるから禁止」という声もよく聞きますが、女子高生のオシャレに対する気持ちをゼロする戦いを挑むとしたら半永久的に続くと思うし、そもそも何の問題にもならない程度のオシャレを規制する権限もありません。

学校に勤務する中で思うことは、どちらでも良いことであっても規則が存在するせいでそれが問題として浮かび上がってくることです。

どうでもいいことであるために、厳しく当たる教員とそうではない教員に温度差が生まれ、本当に大切な安心、安全に関わるルール自体も機能しなくなってしまうこともあるように思います。

僕は風紀委員長の生徒に「一緒に校則を見直してみようよ。僕も説明できないルールがあるから」と声をかけ、校則改善プロジェクトが動き出しました。プロジェクトに関わる生徒たちも「絶対そうしたほうがいいと思います！」と初めは勢いよく始まったプロジェクトでしたが、ある日委員長の生徒と副委員長の生徒が僕の元へやってきました。

話を聞くと「先生、やっぱり校則は変えるべきではないと思います」と。「なぜそう思ったの？」と聞くと、「全校生徒・保護者へはタブレットを使ってアンケートを取りました。地域の方々には直接話をうかがいに行きました。そしたらさまざまな意見があってどうしていいかわかんなくなっちゃって」と涙ぐんでいます。

「今までは何のためにあるんだろうって意味がわからなかったけど、いろんな人の思いや歴史があって、この校則は女子商の伝統なのかなって」と言います。

そこで僕は「伝統って言葉をどう捉えている？」という話をしました。

そして最後に「伝統も大事かもしれないけど僕は初めに動き出した人が今いたとしたら改善に向かって動き出すと思う。誰かが動かなきゃいけないし、誰がやっても正解はないよ。一歩目の改善だよ。正解を探すのではなく、納得感を高めよう」と伝えました。

半年後に生徒支援部の教員と風紀委員の中で話がまとまり、僕ももちろん承認しました。「袖捲りは経済的な効果もあり、問題とはいえない。眉毛に関してはコンプレックスの生徒もおり身だしなみの範疇、髪を一本で縛るルールは撤廃し、染髪やパーマの禁止は継続、お菓子は授業以外であればＯＫ。ただし、ゴミの処理は徹底すること」など、校則の見直しが発表されました。

最近よく教育業界で話題となっている日本財団による「18歳意識調査」という調査があります。

これは世界各国の18歳に対しての意識調査であり、世界各国の18歳と比較したグラフを見て強い問題意識を持ちました。なかでも「自分で国や社会を変えられ

Q. あなた自身について、お答えください。（各設問「はい」回答者割合）

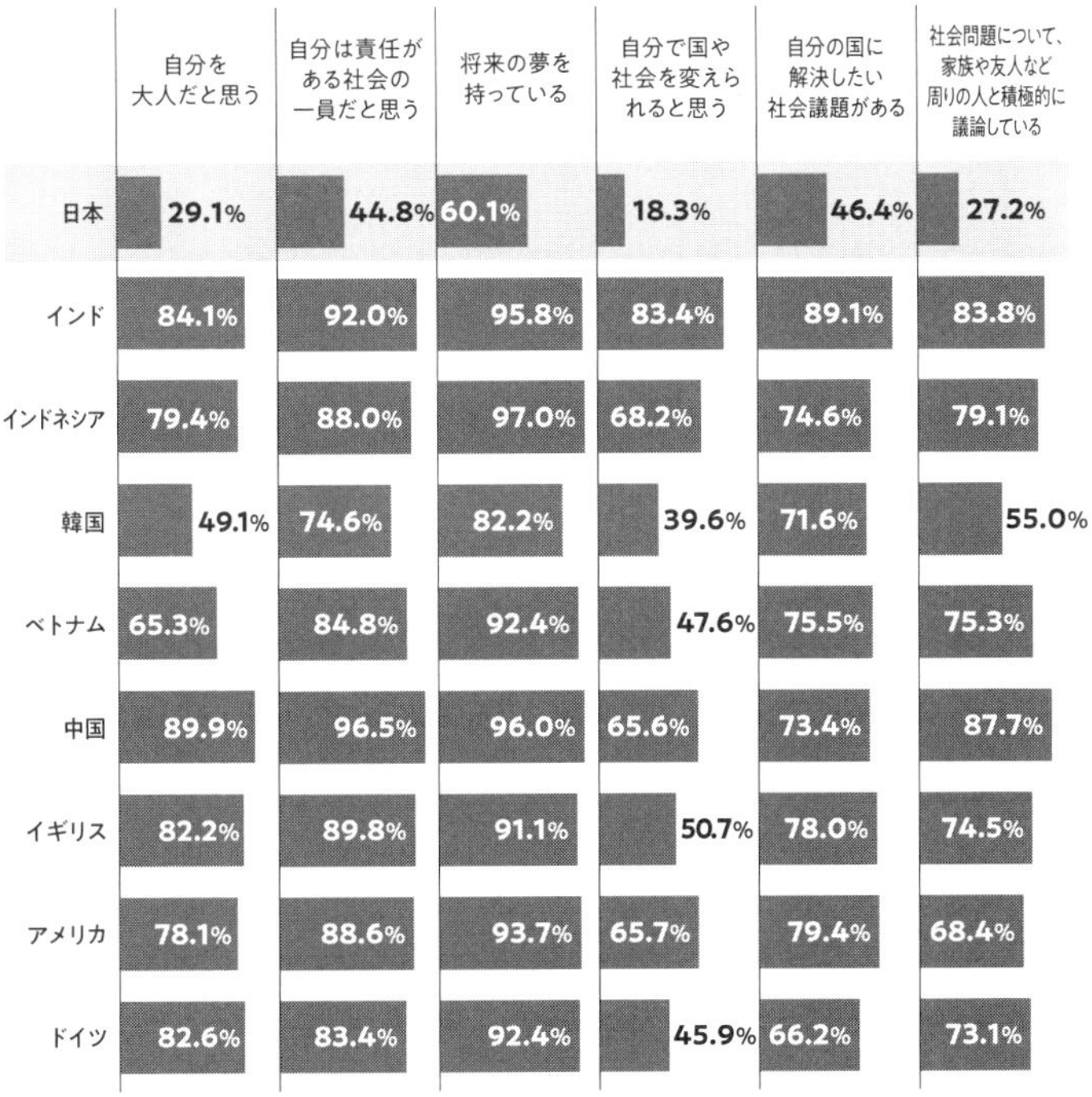

出典：日本財団「18歳意識調査」第20回 テーマ：「国や社会に対する意識」（9カ国調査）

る」と答えた日本人がとても少ないです。

これは学校の責任だと僕は思っています。

納得のいく説明もなく校則やルールで「あれもしちゃいけない」「これもしちゃいけない」と言われたら、生徒たちは無力さを痛感してしまう。「あぁ、これはもう学校に従うしかないんだ」と諦め、変革を起こす意欲も削がれてしまう。


僕はよくそのたとえとして虫かごのバッタの話をします。

従来、自分の力の限り高く飛んでいたバッタも、虫かごに入れられ、かごの中での生活が長くなると、かごから解放されても虫かごより高くへ飛べなくなってしまうのだそうです。人間もまさにそうだと思っており、学校が虫かごになってはいけません。

ある程度の失敗は許容するべきであり学校は学ぶための場所です。法律や命に関わるものなどを中心に安心・安全は確保しながらも、必要に応じて生徒主体でルールを見直す取り組みを学ぶべきだと思っています。

一方向のルールで従順さを求める教育はやめるべきです。

校則見直し後も女子商では認定ＮＰＯ法人のカタリバさんが行っている生徒主体で校則を変えていく「みんなのルールメイキングプロジェクト」に参加させてもらっており、自分たちのルールは自分たちで考える校則作りを進めています。

ルールメイキングプロジェクトの一環で弁護士の先生に来校していただいた際に、法律の役割や変更のための手続きや判例の解説などを行っていただきました。その際に法律は「必要性と相当性」で妥当性を判断されるという話がありました。その後からは生徒たちの間で「この校則は必要性と相当性に照らし合わせて考えるとどうですかね」という会話なども生まれるようになりました。

そのような質問を受け、正直僕を含めた教職員はビクビクしていました（笑）。でも、これからの教育は教員が正解をもって進めていくのではなく、共に学び合いながら学校という小さな社会で安心して成長できる環境作りに努めていくことが大事だと思っています。

こうした数々の取り組みを通じて、女子商の今の姿を学校外の人に知ってもらうのはとても大切なので、学校改革と広報活動は今後も両輪で続けていきます。

生徒の「やりたい」を本気で実現できるかを考える

最近の女子商で象徴的なのが、プロジェクト学習です。女子商では興味のある人が手を上げて参加する仕組みを取っていて、集まったメンバーでチームを組んで活動をしています。なかには複数のプロジェクトを掛け持ちで実践する活動的な生徒もいます。

そんな生徒を心配してか、先生は生徒に「部活に生徒会に複数のプロジェクトも回して大丈夫なの。やめたほうがいい」と声をかけてしまう場合があります。親心としての気持ちはわかりますが、でも、ここで先生が生徒の力量を決めてしまっては正しい自らのキャパシティなどを把握することも難しくなってしまいます。

基本的に僕は、生徒が失敗してでも学びになるならそれでいいと思っています。高校生の吸収する力はすごいし、何より自分でやりたくてやっているのだから多少ハードになっても自分で解決するために時間繰りを調整して乗り越えられるかもしれない。生徒が本気でやりたいと思って動いていることに対してどうすれば実現できるかを、先生も本気で考えるべきです。しっかり見守り、生徒が求めてくれたときに振り返りに付き合うくらいでちょうど良いと思っています。

また、アントレプレナーシップ（起業家精神）の育成も重要視しており、逆境を跳ねのけて夢を実現した方々の講演なども多く実施しています。

年商100億円企業の女性起業家の方や世界でビジネスを牽引する起業家、再生不可能と言われた商店街を活性化させたまちづくり職人の方に対して、講演が終わると「少しお時間もらえますか？」と自分からアプローチし関係を作りにいく生徒たち。起業家精神といっても起業家になることが目的ではなく、起業家のように思考し、起業家のように行動する力を身につけることが大事だと思っています。

OECDが提唱しているラーニングコンパスにおいても重要視されている「エージェンシー」、すなわち「当事者として変革を呼び起こす力」を養ってほしいと思っています。こうしてほしい、ああしてほしいという要望や文句を言うのではなく、何かを変える際にはプロジェクトを起こし、そこに集まったメンバーで変革を起こす。

よく校長室にも生徒が気軽に来てくれるのですが、「校長先生、私女子商の制服が可愛くなったらもっと生徒が集まる学校になると思います！」「じゃあプロジェクト作るから後輩が誇りをもてる制服デザインしてくれる？」と言ったことがあります。

このようなやり取りの1年後、入学式に新制服を着て登校してくる1年生の姿を一緒に見た喜びは忘れません。

学校が社会に開けば協力したいといってくれる大人の方々はたくさんいます。このような方々のサポートを受けながら当事者として変化を生み出す若者を育成していきたいと思っています。

第 7 章

小論文指導のポイント

大学入試小論文とは？

この本を手に取ってくださっている方の中で、大学受験で小論文試験を受けた人はそれほど多くないのではないでしょうか。

現在の40〜50代の方であれば、センター試験あるいは共通一次試験（現在の大学入学共通テスト）などの筆記試験を受けて、大学に入学した方がほとんどだと思います。

時代とともに大学入試の形態も変わり、一般入試のほかに「学校推薦型選抜（旧称・推薦入試）」や「総合型選抜（旧称・AO入試）」を取り入れる大学も多くなっています。

かつて、推薦入試やＡＯ入試で大学に入った学生は「大学の勉強についていけないのでないか」と親御さんから心配の声が挙がることもありましたが、決してそんなことはありません。

「国公立大学の合格者がいきなり0から20になったと思ったら、やっぱり推薦入試か。一般入試でなければ受験とは呼べない」という声もネットニュースなどで見かけますが、そのような方にはぜひ一度生徒たちと同じ条件で試験問題を解いてもらえたらと思います。きっと解答できる大人の方が少ないはずです。

世界水準で見ると共通テストなどの一般入試の方が少数派であり、世界の入試は推薦入試が多数です。また、日本も今後、学校推薦型選抜や総合型選抜の割合が増えていくことが予測されており、これは求められる力が変わったと認識すべきでしょう。

そもそも小論文は、あるテーマや議題に対する問題文に、自分の立場や考えを表明し、それに対する意見を記述します。与えられた問題を形式的に解く問題ではないので、普段から自らの考えや主張を持つ訓練をする必要があります。

実際、僕が中学校に訪問してお話をする機会をいただいたとき、大学の小論文問題を先生方に見せるのですが、ほとんどの先生が「90分でこの問題に解答するんですか？　これは難しい。よく生徒たちは答えられますね」と驚きの様子で応えられます。

僕自身も、大学を選ぶときに小論文が課される入試は避けました。今となってはその話を元に「さまざまなことにチャレンジしてみなければどこに自分の長所が隠れているかわからないよ」と生徒たちには話しています。

僕もそうだったように小論文に苦手意識を持っている高校生は非常に多いです。推薦入試に挑戦している高校生が小論文対策の指導を受けたものの「やっぱりムリだからやめる」と諦め、一般入試に切り替えていく事例もよく聞きます。

これは小論文指導に関わる多くの先生方も、課題として認識しています。

どうすれば適切な指導ができるのか、生徒をどうすれば引っ張っていけるのか、試行錯誤しながら指導をしている先生方は多いのではないでしょうか。

コマを埋めるためにとりあえず小論文対策のテキストを使って生徒に指導する。でも、テキストベースの指導になっているので先生も生徒も面白味がなく、辛い部分だけが残ってしまう。そうなると、先生も生徒も小論文に取り組むのをやめて一般受験に切り替えようかという話になっていきます。

しかし、小論文対策は推薦入試に対応する上で最も効果的だと思っています。

推薦入試の点数比率を見ると、書類と面接で2割、小論文で8割など小論文試験に高い配点をつけている大学も多いです。もちろん書類や面接も推薦入試では大切ですが、小論文の点数比重が大きい以上は小論文に力を入れるのは必然です。

また、さまざまな社会問題を理解するためにも小論文として出題される文章は本からの出典が多いのでかなりの読書量を確保できます。インプットとアウトプットを繰り返す小論文は学ぶ力の獲得にとても有効です。

小論文問題を解説したらすぐに書いてもらう

では、僕が女子商で実践してきた指導方法について、簡単に紹介します。

僕の小論文指導では、大学が実際に試験で使った小論文の問題を徹底的に使います。年間１００問以上に目を通し、その中から社会問題の繋がりを意識しながら問題をセレクトします。

初めの頃はセレクトした問題文に対する解説をした後、生徒たちに文章を書いてもらいます。

通常の小論文指導であれば参考書をベースにしながら、経済・環境・法・国際関係などのようにトピックごとに社会問題の知識をある程度入れた後に問題を解いていくという形を取る学校が多いと思います。しかし、僕の指導は実際の過去問の課題文を読みながら社会問題に触れ、その後すぐに生徒たちが書き上げるという形でアウトプットを図ります。

この方法には、いくつかのメリットがあります。

まず、知識の定着が早くて効率が良いこと。生徒たちにとっては解説の後にすぐに文章を書くのがわかっているので、僕の解説に対して能動的に考えながら構成を図ることでインプットの質が高まるという効果も期待しています。

生徒たちに書いてもらった後に、僕がすぐに添削をします。添削では赤ペンで書き込みながら指導をする先生方が多いと思いますが、僕はあまり文字に残しません。

これは高校生に限らず大人にも当てはまると思いますが、自分が時間をかけて書いた文章が毎回赤だらけで返却されると、文章作成自体に苦手意識が生まれるのが自然だと思います。
「この具体例はどこに繋がっているの？」「なるほどね、だったらこの接続詞の方が伝わるかもね」というように口頭で説明したものを生徒たちがメモを取り、必要であれば改めて書いてくるような方式です。

僕の添削の特徴はとにかく褒めて返すこと。「できた」と思ってもらえることで、生徒たちにとって小論文を解くことへの抵抗感を軽減し、自分の意見が伝わることの喜びを感じてもらうことに力点を置いています。

また、添削時間は一人3分程度。一度の小論文で訂正する箇所は1ヶ所か2ヶ所。だいたい大学の合格ラインを把握しているつもりなので一度の添削で直そうとはせず、長期的な視点で考えています。

初めの頃に出す小論文問題は、どこの大学のものかを説明せずに生徒たちに解いてもらうことが多いです。

最初のテーマとしてわかりやすいものを僕が選んでいるのですが、たまに難関大学のものもあります。

僕が二重丸をつけた後に、「実はこの問題慶應大学の問題だよ、もしかしたら小論文ならいけちゃうんじゃない⁇」などと生徒たちに声をかけると、勉強に対して苦手意識を持っていた生徒たちの顔がみるみる変わってきます。

ひとつのテーマでインプットとアウトプットを一緒にやっていく。解答を書いてもらった後はすぐに添削をする。これを6月から夏休み中まで繰り返していきます。

自走を促すための小論文ノート 生徒同士の意見交換

生徒たちには、それぞれ「小論文ノート」という社会問題をまとめたノートを作ってもらって、テーマごとに新聞や本を使って各自で調べて感じた意見や疑問を書き込んでもらいます。それを生徒同士が見せ合って、互いに吸収し合う時間も作ります。

もちろん生徒によっては、合う・合わないがあるので僕の指導スタイルは生徒たちに学習方法を紹介するという表現が適切かもしれません。

例えば目から情報を吸収する方が向いている視覚優位な子と耳からの方が吸収しやすい聴覚優位な子では適切な方法は異なります。大事なことは自分に適した方法を見つけ調整していく自己調整力を身につけることだと考えています。

小論文は、一つのテーマに対してあらゆる考え方があることを知ってもらう必要があります。生徒同士が意見を交換することで視野が広がり、視点が深くなっていきます。

そういう意味で、小論文は一人で黙々と勉強するスタイルは合わないかもしれません。

僕が進路指導をするときに大切していることは、生徒たちが自走できる状態にすることです。その上でまずは「わからないことがわからない状態」を脱するようにしていきます。いわゆる「無知の知」です。

初めはわりと楽しく学ぶことができるのですが、少し学ぶと理解が進み、社会問題に気づくようになっていく。そして自分はこんなに自分の生きている世界のことを知らなかった、ということに気づく。そんな過程を経て生徒自身が自ら考えて調べる状態をつくるのを、小論文指導を通じて伴走していくイメージです。

小論文で最も大事なのは「なるほどね」「確かにな」

答えがないと言われる小論文では、「どのような文章が書ければ高い得点になるんですか?」という質問などを受けますが、**僕は読み手が「なるほどね」「確かにな」の状態を目指して書こうと伝えています。**

それとは別に、「8割以上の字数で完結しなければ採点対象外になる可能性があるよ」という話や、論理的構成・独自性などよく小論文の評価項目として使われるルーブリックなども生徒に渡し、採点も経験してもらいます。

ただ、「小論文は一度提出したらもう後出しで付け足しはできないので相手が読んで疑問に思う可能性があるものについては事前に譲歩で書き込んでおくんだよ」というような話もします。

「型書き小論文などと呼ばれる文章作成のフォーマットや型みたいなのは教えるのですか?」という質問もよく受けます。

① 私は~と考える。なぜなら~と考えるからだ

② 確かに~かもしれない。しかし~ではないか

③　データや具体例を一つか二つ
④　以上の理由から私は～と考える

というような、文章を書くときに困らない基本ロジックは教えますが、最終的にはこうした型から離れてもロジカルな文章を書けるように指導をしていきます。いわゆる「守破離」で、型にはめた文章ばかり書いていると、書くことが作業になってしまい飽きてしまう。あくまでも困ったときのためにというスタイルで教えています。

夏休みが終わると、指導のスタイルを変えます。

小論文の問題や参考になる資料をスタディルームに置いておいて、生徒たちは解説なしで小論文を書きます。書き終わったら僕のところに持ってきてもらって、添削します。

生徒たちは夏休みになる頃には「大学に受かりたい！」という欲が出ているの

で、自分たちで調べて小論文を書く習慣ができています。

この段階になると、生徒たちの力は飛躍的に伸びていて、自走する状態になっているので、さらに考えるきっかけになるアドバイスや添削をしていきます。


この頃には、生徒たちは自分たちの意見をきちんと言えるようになります。小論文ノートにもびっしりと書き込みがあって資料もどんどんたまっていきます。受け身だった生徒たちがノートを通じて成長していきます。

このノートをほかの学校の先生方が見ると、みんな驚きます。平均しても50以上のトピック、5センチ以上の分厚いファイルを持ち歩いています。ここまでやれば確かに合格すると納得してくれます。

このノートは受験の際にも役立ちます。

「受験会場に入ったら周りの受験生を見てごらん。きっと小論文の参考書一冊読んで入試に臨んでいる子たちが大半だから。ちょっと重たいだろうけど、受験に小論文ノートを持っていったらいい。きっと周りの動揺が伝わってくると思う。

それくらい学んで試験に臨んでいる自分を褒めたくなるし、自分を勇気づけてくれると思うよ」と伝えます。

実際に受験を終えた生徒たちから「ノートを出した瞬間めっちゃ二度見されました！」という声や「隣の子が小さい声で『えぐっ』って呟いてました（笑）」という声なども聞きます。

ノートの厚さが重要なわけではありませんが、いいイメージで試験に臨むことは大事なことだと思っています。

65点で十分 小論文は１００点を狙いにいかなくていい

小論文の試験では１００点を狙いにいく必要はありません。どんな問題でも65点をとることができれば合格できます。

生徒たちにもこれは事前に伝えていて「65点でいいんだよ」と言って安心してもらっています。

なぜ65点で大丈夫なのか。これは僕の前任校である神戸の高校の経験が役立っています。

この高校は推薦入試で特に小論文指導に力を入れています。進学校でもないのに、国公立大学の合格者が年間で60人以上も出るのはなぜなのか。きっと何か魔法があるに違いないと思っていた僕に、同じ学年で僕に進学指導を教えてくださった先生からの一言は、「魔法なんてあるわけないやろ、泥臭さじゃ」という言葉でした。

当時の僕は「何かもっと効率の良い方法はないか」を考える癖があり、それも時には必要かもしれませんが、その先生には「産みの苦しみや、楽せんと徹底的にやれ」とユーモアを交えた厳しさで、大事なことを教えてもらえたと思っています。

合格ラインを知るためには実際に大学入試を終えた生徒に後日、当日の試験で書いた答案を複製してもらいます。成績開示を通じて、その解答に対しての点数がわかるので、「この解答で●●点―合格」「あの解答で■■点―不合格」と確認するうちに自分なりに各大学の合格ラインが見えてきました。

女子商で指導するときも、合格基準がある程度見えていることで「この実力があれば多分大丈夫」「もう少し勉強のペースを上げようか」と長期的な視点で生徒たちに合わせた声かけができます。

また、受験小論文では多少のテクニックも有効だと思っています。

小論文でよく出るのが、あるテーマに対して「賛成か反対か」の主張を求められるケースです。

このときは基本的に文章を書いている筆者の主張が「賛成」であれば賛成の立場で、「反対」であれば反対の立場で意見論述することを勧めています。

「小論文の問題は基本的に本などから出題されるよね？　それを書いている人は

その道の専門家。さらに、何ヶ月もかけてその意見をまとめている。それに対するは高校3年生。また、与えられた時間は90分。的確な反論をするには条件が悪くないかな？」と伝えます。

あくまでも受験問題としての小論文なので、生徒たちには「筆者の意見に賛同する旨を書いて自分が筆者の意見を理解していることを伝える。その＋αでこんなことがあればより良いという意見が書ければＧＯＯＤ。その解答例を筆者に読んでもらったとして『そうそう、私が言いたかったのはそう言うこと！』となれば合格のイメージだよ」と言っています。

大学入試の小論文では、主張が読み取れて自分なりの意見を持つことができ、論理的思考力・表現力があると採点者が確認できれば合格者の仲間入りです。

女子商の生徒は先輩を見て大学に挑戦する

「どんな大学を狙えば良いか」という質問もよく受けます。僕は条件的に狙える大学を紹介することと、その大学の入試に関して僕が摑んでいる情報を生徒たちにそのまま伝えます。あとは生徒たちが選ぶべきだと思っています。

例えば、県を跨いだ大学を選ぶなら「第2の故郷にするなら、どこが良いかな?」とか、「○○大学であなたが興味のある研究をしている先生がいたはずだよ」と言った声かけなどはしています。

あとは「頑張らないと入れない大学に入った方が、周りの友だちは頑張ったことのある友だちになるわけだから面白いことに巡り合いやすいかも」とも伝えています。

適当に選んで入った大学は、周りの友だちも適当に選んで入っているかもしれないし、その友だちはあなたの頑張りを認められないかもしれない。

子どもが減っているのにもかかわらず大学は増え続け、今全国に約８００校も大学がある。大袈裟に言えば名前を書けば合格するようなところも県に数校あるのが実情であり大学生になることは難しくありません。

「『えっ、何頑張っちゃってるの?』という友だちに囲まれると頑張れるものも頑張れないよね。自分は頑張りたくないけど友だちが頑張ることによって不安になる場合もある。映画とかでも頑張ろうと決意したときに邪魔してくる3人組がよく出てきたりするよね。不安であれば自分も頑張って共に向上していければとても良いだろうけど、相手の邪魔をすれば頑張らずに自分の不安を短期的に解消できたりするからね」と言ったうえで、「人間は今の自分と最も関係性の深い5人に強く影響を受ける」というような話もします。

女子商の生徒たちが特徴的なのは、**どの大学に行きたいというよりも先に「先輩方が懸命に受験に励む姿を見て私も変わりたいと思いました」**という発言です。つまり、「大学受験に挑戦して自分を変える」ことが目的です。

「自ら機会を創り出し、機会によって自らを変えよ」

この言葉は僕の人生にもとても当てはまります。やらざるを得ない環境や求めるレベルの環境に身をおけば、自ずと変化が訪れます。

そういう意味では、女子商に来た最初の年に挑戦してくれた生徒を今でもリスペクトしています。

僕は生徒たちにプレゼンをしたとき、「もし10人が大学受験に挑戦してくれたら、7人は合格させることができる」と言い切りました。それを信じて道のないところに道を作ってくれた彼女たちはきっと今後の人生においても既定路線を歩みません。

スタディルームで半年間学び終えた生徒たちは、思考力に関して別人のような成長を見せてくれます。学校に遊びにきた大人の方々からは「なんか大人慣れしていて話の受け答えも18歳とは思えないほどしっかりしているね」と驚かれることも多いです。

最初の小論文と受験直前に書いた最後の小論文を比べてみせると、同じ先輩の文章だよと言っても書く字も変わっており、なかなか信じてもらえません。

大学に行った女子商の生徒たちは、それまでの人生とは異なる経験を多くするようです。

ある県の国立大学に通っている卒業生に聞いた話です。彼女が友人と夜道を歩いていたとき、警官に呼び止められて「君たちは未成年か？　身分証明書を見せなさいと」と言われたそうです。

そこで学生証を見せると警察の方が「●●大学の学生さんか。それは安心だ。気をつけて帰るんだよ」と言ってすぐに解放してくれたそうです。彼女は「女子商のときと扱いが違う！」と嬉しそうに笑っていました。

苦手だった小論文が得意になった

僕自身、大学受験で小論文を選ばなかったのは、苦手意識があったからでした。神戸の前にいた北海道の高校では、小論文の指導方法が全くわからず、一般的なテキストを用いて指導するスタイルをとっていました。

でも、小論文指導で多数の合格者を出す神戸の高校に赴任してから、毎日のように自分自身で小論文を書くことから始めました。

最初はとにかく書くことが嫌で、これが教員の悪いところかもしれません。

答えがない問いに向き合う恐怖。評価されることへの恐怖。なかなか上手く書けませんでしたが、やるしかない環境だったので恥じらいは捨てて、先生同士で意見を出し合ったりしていくうちに感覚を掴んでいきました。

高校時代には小論文指導を強みとして生きているなんて想像できなかったので、何が得意になるかはわかりません。

これは女子商の生徒たちにも言えます。何が得意なのか、結局はやってみないとわかりません。

「小論文での推薦受験は邪道だ」と考える教育関係者もいます。でも、実際に女子商では小論文指導に重点を置いた結果、生徒の選択肢は確実に増えていると思います。

これからも小論文指導を通じて、生徒たちの挑戦を「援護射撃」していきたいと思っています。

第8章

教育の未来

学校は何のためにあるのか

これまでの学校は「何のために」を見失って運営されていたように思います。次年度のことを考えるときにも、前年の年間行事予定や前年度の目標が引き継がれ、年度の数字を変えるだけ。目標においても堅苦しく、わかりづらい文言が並べられる。改善点があっても業務に終われ、次年度に持ち越しとしたことも忘れ、例年通り進んでいく。

これまで行われてきた行事などは実施することが前提となっており、何のために行うのかという議論はなく、実施後の振り返りなども曖昧なまま、ということが多いように思います。

教師となって学ぶことは、板書のスキルや規律や秩序を重んじた生徒指導、保護者対応などであったため、経験値が重要視されてきたと思います。

しかし、ＩＣＴを用いた双方向の学びを意識した授業準備やＡＩ教材などの活用、社会と繋がりを生み出す力やファシリテーションスキル、抑圧ではなくコーチングの要素を取り入れた生徒支援、進路指導においても5教科7科目を各教科が責任を持って指導する進路指導から教科横断型の学びや体験活動を通じて得た非認知能力を言語化する力が求められる時代となっています。

このような変化の中では「教師たるものこうあるべき」というこれまでの教師像に近づいていくことよりも社会と関わりを持ちながら変化していける人材が求められると思います。

最近知った話なのですが、かつては教師で名刺を持っている人の方が少なかったという話を聞きました。教師であれば学校外との関わりを持たずに学校内だけで業務が完結していたということです。

今50代の先生方であれば逃げ切ることも可能かもしれませんが、僕のような30

代の教員は向き合い続けなければ働く場所がなくなる可能性もあると思っています。Chat GPTなどの登場も話題となっていますが、子どもたちの未来で求められる力は刻一刻と変化し続けています。

学習する組織へ

これからの学校は経験則だけで進むことはできません。いかに学習する組織となれるかどうかが重要であると考えています。

大人の平均学習時間は1日6分などと言われることもありますが、教師においても例外ではありません。僕の経験では、読書やウェビナー、研究会や他校や企業との交流などで情報収集しながら働いている教師は2割に満たないと思います。

失礼ながら、それ以外の先生方は自分が受けてきた教育のままの価値観で教育を行っている印象です。

部活動においても、未だに体罰などの報道が絶えませんが、手を出したかどうかの話だけではなく、体罰などを行い続けている教員が作る空間で3年間過ごし続けた子どもたちの将来がとても心配になります。

自分が正解を持っているかのようなトップダウンの方針のもと、理不尽に耐え、年間の休みもほとんどなく、将来を度外視した長時間練習。栄養ドリンク片手に24時間働き続けることを美徳とした高度経済成長期の企業が「体育会系」を好んだ理由もよくわかる気がします。

部活動に力を入れている学校から相談されるのは、生徒が登校していない時間に教員研修を入れようと思っても部活動の先生方からのプレッシャーがあるため、行うことができないという話です。

しかし、社会の変化や学校としてのあり方が変わってきている今、先進的な取り組みを行っている学校はかなりの時間を教員研修に充てています。

校長になってから経営や組織運営について学びを深める際に出会った言葉が「高校の教員ほど組織的な動きをしない人種はいない」という言葉でした。

教員時代の僕にとっても耳の痛い言葉でしたが、学校が掲げた目標に沿って動くというよりは学級運営、各授業、部活動指導などでも自分のやりたいように運営する人たちが多いと思います。

自分たちはチームであるという認識も弱く、何か困ったことが出てくると「学校としてどうするんですか」や「管理職はどうお考えですか」というワードが頻繁に飛び出す学校は危険信号が出ていると思います。そのような学校で働く当事者意識が欠如した教員は「自分で考えることはせず指示を待つが、その指示に対して文句を言う」という悪循環に陥っていることも多いように感じます。

そのような状況を抜け出すためにはそれぞれがメタ認知を働かせることが重要だと思っています。教員は担任などのクラス運営や部活動で組織運営をする立場を経験しています。今後の組織は上からのトップダウンではなく、それぞれが大きなビジョンを認識し、そこへ辿り着くための方法を自分で考え、決断し、行動することが重要になると認識しています。

よって、経営者として重要なのは組織文化を作り出すこと。その組織が何のためにあるのかを一人ひとりが認識できるように導くこと。そんな組織作りを行う上で教員は組織を運営した経験を持っているということが強みになると僕は思っています。

担任をしながら学級という組織を俯瞰してみているときに感じることにヒントがあるはずです。子どもたちに声をかけていることを学校という組織で働く自分に当てはめてみる。日々学びを深めながらその両輪を回し続け、その体験から内省を働かせることができれば組織において大きな役割を果たせる人間に成長することができるのではと考えています。

学びを深めながらというのもポイントだと思っていて、捉えている世界が大きく異なっていれば対話も上手く機能しないため、教員であれば時代とともにどのように教育は変化してきたのかという時間軸や、自地域だけではなく他地域（全国・世界）などではどのような教育が行われているのかなどを含め、日々世界の動向などについて学びを深める必要があると思っています。

過去の成功体験に固執せず、経験値として活かしながら新たなものを創造する。一斉授業だけが授業ではないし、学級担任制も変化しています。部活動の地域移行も進んでいくでしょう。毎日出社し、従順に振る舞うことができれば給与をもらえる時代も終わりを迎える今、皆勤賞よりも自分自身と対話しながらウェルビーイングを実現するための自己調整能力の方が重要かもしれません。

これまでは一斉授業が前提であり、その中でどのようにより良いものを作り出すかなどのように手段は決まっている中でより良い教育を目指す方法が取られていたように思いますが、「何のために」を常に持ち、その手段すら目的のために改めていくことが求められています。

現在の女子商では志を持った多くの教員が集まってきたことにより、その仲間たちとの日々の壁打ち（自らの考えを人に話すことで考えを整理する手法）や、それぞれが面白い大人を学校に招き、繋がりをシェアすることにより加速度的な成長を実感することができています。

多くの学校では自分が学んできたことを打ち明けても「よその話でしょ、あそこの学校だからできるんだよ」と言った返答などにより、学校外で学んでいる教員がマイノリティーになってしまう場合も少なくありません。

僕は学びの多い職場で働かせてもらっているときは「大学に通いながら給与をもらっている感覚」を持っていました。僕ら教職員にとっても多くの学びが得られる空間を作り、学校を大人も子どもも成長のために走り続ける空間にすることを目指したいと思っています。

答えがない問いに向かい合うのは誰でも弱いもの

未来の教育を語る上で大切なポイントとなるのが、**「答えがない問題に立ち向かっていく」**ことです。

戦後から高度経済成長期までの教育は答えが明確で、学校や先生が出した問題を解ければ優秀な生徒と見なされました。いわば「正解主義」な従順な子どもを作るための場所が学校だったわけです。

高度経済成長期までは従順な「右向け右」をきちんとできる人間を育て、大きな成長をもたらしたことは事実だと思います。

会社に従順であれば業績は伸びたし、給料も上がっていって、マイホームも手に入れることができました。しかし、バブルが崩壊し、日本は「失われた30年」のもとで、これまで通り会社に従順でも生活が向上しない状態になりました。つまり、忍耐強ければ「みんなが勝てる時代」は終わったと思っています。

さらにテクノロジーの発達により、変化の激しい未来の予測がつかない、正解が見えない時代に突入しました。

この時代において、目指すべき学校の役割は、正解がない中で、自分で考え、決断し、行動していく子どもたちの育成です。

しかし、学校現場は「何のために」を問うことをせず、例年通りを重視し、従順な生徒たちを育成している。教育の力はとても強力であり、いつの間にか子どもたちも染まっていく。「面接が嫌だ」という生徒に「なんで嫌なの？」と僕が聞くと、「面接って、答えがないじゃないですか」と返ってくる。

生徒たちの間でも「タイパ（タイムパフォーマンス）」という言葉が流行って

いるように、できるだけ効率が良い生活や生き方を選択している子が多い。学生たちにとってはネット検索をかけてそれっぽい答えが返ってくることが心地よい。しかし、面接というのは明確な答えが調べても出てこない。非常に面倒に、不安に映るのでしょう。このような生き方を続けるとさまざまなことに対して「わかった気になって生きてしまう」恐れもあるように思います。

生徒達と会話をしていて印象的だったことがあります。恋愛に関してもいまの高校生たちは、ＯＫをもらえる状況であるとわからなければ告白しないと言います。でも、迷っているときのドキドキとかワクワクが楽しかったりもする。

効率はよくありませんけど、本当に勝負をかけるときにはリスクがつきもので、そのリスクと上手く向き合うことを学ぶ場も重要だと感じました。

答えのない問いに向かっていくのはとても不安です。それは子どもだけでなく大人にも当てはまります。

大人も今の子どもたち同様に正解主義の教育を受けており、さらにレールの上を走る人生を経験しているので、「悪いことは言わないから私のいう通りにしておきなさい」と子どもへ誘導をかけてしまうことも多いかと思います。

わからないという状態は当人たちにとって不安なものです。本来であれば、新しいことに挑戦する子どもに対しては大人が一緒になってサポートしていくのが大切です。

学校の先生の多くも不安に向き合うのが苦手だと思いますし、何より社会全体が不安に向き合うのが苦手なのかなと。

日本の学校の先生は、世界的に見ても優秀な人が多いと言われています。一側面を取れば優秀な部分もありますが、一方で新しいことを発想するクリエイティブな力やとりあえず物事を試してみるのは苦手な先生が多いのではないでしょうか。

子どもが未来を生き抜く力をつけるためには、まずは先生をはじめとした大人が変わって、新しいことや挑戦を楽しめるようになること。そうすることで、子どもたちも自然と変わっていきます。

「学校なんて変わらないし、変えられない」と異を唱える先生もいるでしょう。

でも、僕は「信じられるか、信じられないか」が大切だと思っていて「学校は変えられるかもしれない」と思っている先生たちがいる学校には変化が起きているような気がしています。逆に「学校なんて変えられないよ」と思っている先生が多い学校にはいつまでも変化は訪れないでしょう。

僕が恵まれていたのはこれまで5校の私立学校を経験させてもらって変わらない学校と変わる学校の違いを体感できたこと。誰にも振り向かれることのなかった学校が今では全国的に注目されている学校になっている。

その学校にいたときは何もできませんでしたが、変わった学校があると言うことを知っているからこそ、「何をやったってどうせ変わらない」とは言えない。だからこそ、女子商でも変わると信じて行動することができています。

通信制などに通う学生が増えてきている今、全日制の学校の強みは「空間」にあると僕は思っています。大人も子どもも関係なく本気で挑戦する空間に流れる空気感を感じ取り、役割を果たしながら貢献していく。学校の先生方の役割は大きく変化していくはずだと思っています。

これからは学校の先生方のキャリアについても変化を起こす必要があると思っています。

これまではどの地域のどの学校でも「平等」に同じような教育を受けられる機会の提供が重要であり、力を発揮してきたように思います。

しかし、動画教材などで学習を進められるようになった今、重要なのはその学校が最も大事にしているテーマを掲げることだと思っています。そのテーマのもとに生徒も教員も自己決定を元に納得して学校を選ぶことが重要になるのではないでしょうか。時代も変化し、終身雇用から複業や転職などによってキャリア選択をする時代が訪れています。

教員も自分の意思決定で選んだ環境でなければ「管理職がああだから仕方がない」と人のせいにしてしまうと思います。既に述べたように「誰の船に乗るか」を自分で決めた方が良いと言われたことがあって（特に私立学校では）教員も学校のビジョンに共感できるかをもとに、勤務先を決定していくべきかと思います。

本当は自由になるために学校で学ぶのに……

これまでの学校教育は規律や集団行動など、レールからはみ出さないための授業や育成を行ってきました。もちろん過去の学校教育には時代に即した面もありますが、本来の学校教育の役割は社会に出てから子どもたちが自由と責任を持って生きていくための術を学んでもらうことです。

どうすれば自分なりの自由を確保できるのか。その中で責任を果たす力をどう養っていくのか。

　また、僕は自らの経験からも本当に自分のやりたいことの実現を求めて生きていくためには、責任をセットで引き受けることが重要だということを実感しています。これからの時代を生きていく子どもには、こうした力が必要なのに従順な子どもをまだまだ生み出しています。


　従順な子どもは自分で物事を決める力がついていないので、社会に出ても誰かに決めてほしいという状態になってしまいます。

　僕が15歳から18歳までに学んで欲しいことは「挑戦する姿勢」です。それを言葉だけではなく、学校という空間で養っていくのです。

　ある看護師が人生を終える瞬間が近づいている方々に人生の後悔について尋ねると、最も多かった回答が「もっと挑戦しておけばよかった」というものであったという話を聞いたことがあります。くわえて僕が最も考えさせられたことは、「今になって考えてみると人生の中で取り返しのつかない失敗なんてほとんどなかった」という人生の先輩たちのセリフです。

挑戦の先に自由が訪れるのです。

よく「大人になりなさい」という言葉がいろいろな場面で聞かれますけど、それは言い換えると「諦めなさい」という意味にもなり得ます。

諦める前にいい方法がないか情報を集めて考え抜いてほしい。

「もう無理だ」という人生を送ってほしくありません。未来は自分の力で変えることができる。そのことを生徒たちには重ねて伝えています。

商業高校の立ち位置を変えたい

僕は女子商を通じて、商業高校のイメージを変えていきたいと思っています。全国的に商業高校へ入学する生徒は減少していますが、商業高校の在り方に問題があるだけで、商業高校には大きな可能性があると信じています。

商業高校が生まれたきっかけは「女性の手に職をつける」ところから始まっていて、事務職を目指して商業高校に入学する生徒が今でも多いと思います。

入学後は簿記や情報処理を中心とした検定試験などでスケジュールが埋まっており、本来持っている商業高校のポテンシャルが活かせていない。検定や資格は後々役立つと頑なに信じている方も多いですが、その資格が本当に今の世の中でも必要なものなのかという視点や何のために取得するのかを考えるアプローチが欠けているように感じます。

女子商では全員受験を極力減らし、目的を持って学んでもらう形に変更しました。さらに、普通科とは違い、一般受験対策のために5教科7科目を重点的に行わなければならないという縛りがありません。

本来高校は74単位あれば卒業が可能なのですが、多くの学校は授業時間を増やし、7時間目や土曜授業などを行い、生徒も先生方も疲弊し、本当に15歳から18歳のうちに学んでおきたいことに注力できていないように思います。

女子商は、平日は6時間授業のみで土日は休みです。学習環境としてはタブレットを使えば一流の講師による授業で学べるシステムを導入しているので、時間割を増やして一斉に学習する必要はなく、その代わりに自分の人生をどう作り上げていくかを考えるマインドセットのための時間に充てることができます。

学校で本来学ぶべき基礎的な学力は当然学びますが、今までの学校は「わかること」に注力しすぎていた気がしており、わかることだけではなく「できること」を増やしていくことができるのが、商業高校の強みだと思っています。

そんな中で意識していることが、よりリアルな商業教育です。リアルとは今まさに実社会で生きる大人たちが求めている力を養いたいと考えています。例えば、高校からビジネスを実体験する。社会の課題を解決するためにビジネスを実践して、その中でサービスを作ったり、マーケティング戦略を学んだりします。

具体的には、経営を意識してもらうために女子商マルシェというイベントを販売実習から店舗経営実習に変え、これまではクラス単位で企業の商品を販売していたところを3学年をシャッフルしてチームを組み、どのような理念のもとどのような商品を販売するかや、これまで学んだことを最大限活かせる仕組みにアップデートしました。

子どもたちにはリーダーシップとフォロワーシップの双方を学ぶことを意識してもらう。子どもたちにもリーダーになるためにリーダーの経験を積むだけではなく、良いフォロワーになるためにもリーダーの経験は重要なんだよと伝えています。

また、ガイアックスという企業が行なっている「起業ゼミ」というプロジェクトも導入し、ビジネスプランを考え、実際に出資してもらうことを想定したピッチなどにもチャレンジしました。

これまでの教師は自分で教えることが仕事でしたが、これからの時代の教師の役割は学びのコーディネーターとしての役割が求められると思っています。

商業高校では社会で価値を生み出している人々すべてが先生です。社会とシームレスに大人たちの困りごとに高校時代から向き合える学校でありたい。保護者の方々が「私が学びたい」と言ってくれることも多く、今後もそのような学びを作り出していきたいと思っています。

「普通科への進学が難しかったから商業高校」「高校卒業後に就職を目指しているから商業高校」などというイメージから脱却し、「高校からビジネスを学び、将来的にはビジネスの世界を牽引したいなら商業高校」というような高い志のもとで選ばれる学校になりたいと思っています。

おわりに

つい先日、女子商にとってとても嬉しいことがありました。「Forbes JAPAN」の6月号で「INNOVATIVE EDUCATION 30」という未来の教育を牽引する組織を全国から30団体選出するというアワードが発表されました。全国の小中高校約3万5000校の中で選ばれた学校は19校。今まで憧れをもって追いかけてきた全国の名だたる学校名が並ぶ中、まさかの福岡女子商業高校の名前が。

定員充足率が50％を下回るような苦しい状況が続いていた中、志だけは高くもち、女子商が「学校は変わるんだ」と信じる方々にとってのシンボルになることを夢見て走り続けてきました。いつかきっと、いつかきっとという想いをもって。

全校集会で受賞を発表し、大きな喜びをみんなで共有しましたが、女子商の受賞は今後の期待値だと思っています。ただ、期待の目で女子商を見てくれている方がいることが嬉しかった。自分たちの知らないところで応援してもらえていることが本当に嬉しかった。

「君が校長をやればいい」

この言葉を受け、覚悟を決めてからは怒涛の日々が続いています。置かれた立場に能力が追いついていないため今も懸命に走っている最中です。

僕が校長1年目のときに痺れる話がありました。女子商歴30年の頼りになる教頭先生が、各校の教頭が集まる会議に参加したときのことです。議題はコロナ禍で、授業をオンライン配信するかというもの。授業配信によって学校へ登校しない生徒が増える懸念があるなどの理由から配信は見送るという学校が多くを占める中、女子商にマイクが回ってきた際に、「女子商は感染症の恐れがある生徒の学びを止めないためにも授業配信を行います。その中でも、学校に来たいと思ってもらえるような空間を作ります」と宣言してきたというのです。

「校長、大見えを切ってそのような回答をしてしまったのですが大丈夫でしたかね？」と尋ねられ、僕は「教頭先生、控えめに言って最高です」と返しました。

学校は校長一人でどうにかなるものではありません。

僕の役割は目指す先はここだと旗を掲げること。その旗に意義や魅力があり、互いがリスペクトし合えていれば年齢を超えて仲間になれる。

僕は校長になることが目的ではなく、その先に見たい景色があったから校長になりました。校長という仕事は誰かがやらなくてはならない仕事であることを認識し、みんなが自分ごととして働くことができれば学校は変わると思っています。

今後も女子商に関わってくれているみなさんが誇りをもてる学校に、生徒たちが女子商を卒業したことを誇りに思える学校に、日本で一番チャレンジングな学校であり続けます。もし同じ想いをもたれる方がいらっしゃれば、どのような形でもぜひ一緒にチャレンジしましょう。

柴山翔太

「挑戦を、楽しめ。」

柴山翔太（しばやま・しょうた）
学校法人八洲学園　福岡女子商業高等学校校長
1990年北海道砂川市生まれ。国語科の教師として4つの私立高校を経験後、同校に常勤講師として赴任。赴任1年目で、進学指導・小論文教育により同校の国公立大の合格者をゼロから20人に増やす。1年目が終わるときに次年度の体制について直談判したところ、唐突に理事長から「君が校長をやればいい」と打診を受け、30歳で校長という役職を務めることに。主任や部長職、教頭の経験もない平成生まれの校長となる。
校長就任後は学校改革を実施し、「朝課外の廃止」「起業家の学校への招待」だけでなく、生徒による「新制服デザイン」「修学旅行プランニング」「校則の見直し」などのさまざまな大人を巻き込んだ生徒主体のプロジェクト活動を実施。また、学校の魅力を発信する部活である「キカクブ」では、高校生自身が配信したTikTok動画が850万再生などを達成。その甲斐もあり、就任当初の令和2年度には94名であった新入生が令和5年度には217名に増加する。
朝日新聞、毎日新聞、西日本新聞、文春オンライン、プレジデントオンライン、『福岡くん。』（ＦＢＳ福岡放送）、教育新聞、フクリバ（えんメディアネット）など、メディア出演多数。また『文藝春秋オピニオン2022年の論点100』に寄稿。
著書は本書が初めてとなる。

きみが校長をやればいい

1年で国公立大合格者を0人→20人にした定員割れ私立女子商業高校の挑戦

2023年6月10日　初版第1刷発行

著　者――柴山 翔太
発行者――張 士洛
発行所――日本能率協会マネジメントセンター
〒103-6009 東京都中央区日本橋2-7-1　東京日本橋タワー
TEL 03(6362)4339(編集)／03(6362)4558(販売)
FAX 03(3272)8127(販売・編集)
https://www.jmam.co.jp/

装丁・本文デザイン――萩原弦一郎（256）
図　　版――有限会社北路社
Ｄ　Ｔ　Ｐ――株式会社キャップス
印　刷　所――三松堂株式会社
製　本　所――三松堂株式会社

ISBN 978-4-8005-9115-9　C0037
落丁・乱丁はおとりかえします。
PRINTED IN JAPAN